SEGUIR SIN TI

JORGE BUCAY
y SILVIA SALINAS

SEGUIR SIN TI

Un relato sobre la separación
y la búsqueda del amor auténtico

integral DEL NUEVO EXTREMO

Autores: Silvia Salinas y Jorge Bucay
Diseño e ilustración de cubierta: Opalworks
Compaginación: Víctor Igual, S.L.

© del texto, 2009, Silvia Salinas y Jorge Bucay
© de esta edición: 2009, RBA Libros, S.A.
Pérez Galdós, 36 - 08012 Barcelona
www.rbalibros.com / rba-libros@rba.es
© de esta edición: Editorial Nuevo Extremo, S.A., 2009
A.J. Carranza 1852 – (C1414COV) Buenos Aires – Argentina
Tel/Fax: (54-11) 4773-3228
www.delnuevoextremo.com / editorial@delnuevoextremo.com

Primera edición: febrero 2009

Ref.: OALR176
ISBN-13: 978-84-9867-427-9
Depósito legal: B-4.767-2009
Impreso por Printer industria gráfica Newco, S.L.

A Fausto

PRÓLOGO

De nuevo juntos decidimos hablar de parejas.

Ya han pasado diez años desde que salió *Amarse con los ojos abiertos*.

Y en este tiempo descubrimos, entendimos y aprendimos muchas cosas sobre el tema de la pareja, un poco por lo que fuimos estudiando y mucho por lo que cada uno de los dos fue viviendo.

En este libro queremos volcar algo de todo eso que aprendimos.

Muchas personas nos preguntan cómo lo hacemos para escribir juntos.

Y lo hacemos de todas las formas posibles, muchas veces vía *mail*, en nuestros encuentros en Buenos Aires y en los fugaces tiempos compartidos cuando nos cruzamos para trabajar juntos en España o en México.

Este prólogo lo estamos escribiendo en el aeropuerto Benito Juárez del DF, y lo terminaremos en el avión rumbo a Buenos Aires después de la cena.

Gran parte de lo que queremos transmitir en este libro es lo que nos enseñó el padre Enrique Ponce, un sacerdote jesuita del que los dos nos enamoramos cuando lo conocimos hace ya un par de años, en nuestra visita a La Casa Íñigo en Torreón, México. Se trata de descubrir que lo importante es saber amar, y desde allí convertirnos en personas con más y mejor capacidad de dar.

9

La mayoría de las personas sufren porque piden amor, buscan amor y no encuentran el amor.

Creemos que la única manera de evitar esa frustración es buscar ese sentimiento en nosotros mismos. Conectarnos con esa fuente de amor que somos y darlo. Cuando lo hacemos no nos desesperamos en la búsqueda de alguien que nos ame.

Sentir el amor nos llena, y darlo es una alegría, y sintiéndola es fácil encontrar a alguien que quiera recibir nuestro amor.

Lo que queremos transmitir es que tanto el amor de los otros como el que podemos dar es relativo. Que todos amamos como podemos, porque todos estamos heridos.

El trabajo es amarnos como somos y querer a los otros como son, aceptando el amor que pueden darnos porque ellos también han sido lastimados.

Hay una frase que siempre repetimos en las charlas que damos juntos sin poder saber nunca quién la dijo por primera vez, pero estamos absolutamente de acuerdo con su mensaje:

«Ámame cuando menos me lo merezco, porque es cuando más lo necesito.»

En los últimos años, tanto Jorge como yo vivimos pérdidas muy grandes. Él despidió a su madre y yo a uno de mis mejores amigos, Fausto Maggi, que mucho colaboró para que este libro fuera una realidad.

Los dos coincidimos en que esas pérdidas nos generaron una inmensa tristeza, pero también fueron una apertura hacia el amor, porque acompañar a personas que amamos en el momento de su muerte nos abre el corazón. Ambos aprendimos por separado que cuando en ese momento no quedan deudas pendientes, somos sólo dos almas despidiéndonos, y tomamos conciencia de la finitud y del amor que existe. La muerte de un ser querido nos conecta con el agradecimiento por estar vivos y con la conciencia de la impermanencia que nos lleva a no perder tiempo en sufrimientos inútiles y disfrutar cada día.

Escuchamos del mismo padre Enrique este cuento que reproducimos aquí para señalar el lugar desde donde se puede comprender este viaje.

Un perrito es atropellado por un coche. Dos amigos pasan caminando y presencian el accidente. Uno de los dos se acerca a levantar al animal para llevarlo a un veterinario.

Cuando intenta sujetarlo, el perrito le muerde.

El hombre lo suelta y se queja a su amigo:

—Perro desagradecido, lo quiero ayudar y me muerde...

El amigo contesta:

—No te enojes. No te muerde por falta de gratitud, te muerde porque está herido.

SILVIA SALINAS y JORGE BUCAY
Vuelo 1691 destino Buenos Aires
30 de junio de 2008

Capítulo i

—¿Qué estoy haciendo mal? Ya ha pasado bastante tiempo desde mi separación, ¿por qué sigo sola? ¿No sería hora de que encontrara una pareja?

Las preguntas de Estela quedaron flotando en el aire, sin respuesta.

En realidad, eso era lo que yo deseaba porque en ese momento de su terapia, lo importante era que empezaran a surgir en ella, por fin, interrogantes que no pudieran esconderse debajo de las usuales, vulgares y casi mentirosas respuestas automáticas.

Cientos de veces había escuchado en la consulta las «explicaciones» que las mujeres como ella, separadas y con hijos, daban y se daban durante meses o años para justificar su incómoda situación:

«Lo que pasa es que casi no salgo.»

«Lo que pasa es que estoy demasiado ocupada con mis hijos.»

«Lo que pasa es que no es fácil hacerse cargo sola de todo, educar, trabajar y encima tratar de mantener las cosas como antes.»

«Lo que pasa es que a mi edad es muy difícil encontrar una persona afín.»

«Lo que pasa es que no quiero parecer una desesperada.»

Estela ya había recitado estas excusas (algunas más de una vez), en casi todas nuestras entrevistas. Por eso yo pretendía que, esta vez, ella centrara más que nunca su atención en las preguntas que ahora repetía, casi como una queja. Yo quería que resonaran en lo más profundo de su corazón para obligarla a darse cuenta de que seguramente era una parte de sí misma la que estaba diciéndole «no» a su aparente deseo de estar nuevamente en pareja.

Aprendí como terapeuta que cuando las oportunidades no aparecen, casi siempre se debe a que hay uno o más aspectos internos que están «saboteando» el encuentro. Cuando la pareja «no se da», es la propia persona la que, de alguna forma, está poniendo frenos.

Miré el reloj y, aun sabiendo que faltaban todavía cuatro minutos, le dije a Estela que la sesión había llegado a su fin y que sería bueno que ella dedicara algún tiempo del fin de semana a reflexionar sobre sus preguntas antes de nuestra siguiente sesión.

Cuando Estela salió del consultorio, volví a mi sillón y me quedé inmóvil, mirando por la ventana sin ver. Había sido la última de una larga jornada de consultas encadenadas y estaba agotada. El color de la habitación se volvía más y más ocre. Eran casi las siete y el sol empezaba a desaparecer detrás del edificio de enfrente.

«Demasiados pacientes», me dije, aunque sabía de sobra que era yo la única responsable de ese cansancio abrumador, resultado previsible de mi hiperactividad de siempre.

«De siempre, no», me corregí.

De pequeña había sido muy diferente.

Mientras a mi hermana Silvana no le importaba restarle horas al sueño con tal de mantenerse en un movimiento permanente, yo era más selectiva. No me gustaba nada la idea de hacer mucho y de todo, yo sólo quería dedicarle tiempo a las pocas cosas que me atraían y hacerlas bien.

Aunque al principio a mis padres les había costado entender que fuéramos tan distintas, al final lo aceptaron. Si bien era cierto que nos mandaban al mismo colegio inglés de doble escolaridad, mientras mi hermana Silvana después de clase aprendía francés y alemán, nadaba, jugaba al voleibol y estudiaba piano (con un oído privilegiado según su profesora de solfeo), yo sólo me desvivía por el dibujo... Y si acepté estudiar italiano fue porque no pude resistir el acoso insistente de mi padre que al final me convenció con el argumento de que el italiano era «el idioma del arte».

Sonreí ante la verdad de Perogrullo: de pequeña TODO había sido muy diferente.

Justo cuando el sol terminó de ocultarse yo me decía que la tranquilidad de mi niñez, prolongada en mi adolescencia, posiblemente habría signado el resto de mi vida si no hubiera sido porque allí se me cruzó Luis...

Para mí y para todos a mi alrededor, fue claro que el dinamismo casi «eléctrico» de aquel muchachito avasallador que me había deslumbrado desde el primer encuentro terminaría contagiándoseme, para bien y para mal. Como solía bromear mamá, él había sacado de mí la veta familiar más característica: el gusto por la vorágine.

El golpe en la puerta me devolvió al presente. Sonia entró con una carpeta en la mano.

—Discúlpame, Irene, pero volvieron a llamar de la Editorial Pacífico...

Lo dijo con un tono «paternal» que tal vez pudiera pasar inadvertido para cualquiera, pero no para mí; porque ella, que con los años había pasado de ser mi asistente a ser mi amiga más incondicional, desde la muerte de mi padre había asumido también el papel de mi más sabia consejera.

La miré con culpa. Hacía días que la editorial me pedía una respuesta. Querían que me hiciera cargo de un nuevo proyecto: un manual de asistencia sobre temas de pareja, área en la que, en mi calidad de especialista, ya me había vinculado a ellos a través de las columnas que escribía todos los meses para su revista *Nueva Mirada*.

Y yo dudaba; por un lado no quería agregar una actividad más a mi ya saturada agenda, pero por otro me tentaba la idea de ayudar a más gente. Era la oportunidad de llegar a un público que quizá se resistiera a una consulta con un profesional o que despreciaba la información que pudiera acercarle una revista, aun cuando fuera, como en este caso, la más prestigiosa de las publicaciones.

Sonia esperaba recostada sobre el marco de la puerta.

—Sí, este fin de semana lo decido.

—Parece que han reunido las consultas recibidas en el último mes y te las han mandado para que tengas una orientación sobre los intereses de los presuntos lectores —dijo mientras me extendía la carpeta repleta de papeles.

—Gracias, Sonia, juro que para el lunes lo resuelvo. Si el material me inspira, acepto, y si no...

—Sí... ya sé... si no... *les-agradecemos-cortésmente...*

Me reí con ganas. Aquélla se había vuelto una broma habitual entre nosotras. Sin motivo aparente, desde hacía un par de años me había convertido en el blanco favorito de cuanta publicación anduviera pululando por el aire. No importaba si eran revistas especializadas en psicología, esotéricas, de interés general, de temática femenina, de comidas, de vinos o dedicadas a la farándula. Todas en algún momento pensaban en una columna sobre temas de pareja y tarde o temprano cada una de ellas me ofrecía colaborar con algunos artículos. El porqué de la elección siempre quedaba en una nebulosa que ni Sonia ni yo habíamos logrado descifrar totalmente. Quizá nuestra última teoría era acertada. Decíamos que las primeras veces me habían convocado por la recomendación de algún ex paciente o colega, o por la repercusión de alguna lograda columna en *NM*; pero luego, y posiblemente como consecuencia de mi negativa sistemática, me había convertido en «una figurita difícil» y por eso mi colaboración era la más deseada.

Para no caer en la soberbia de despreciar las ofertas ni ignorarlas sin más, habíamos optado por recurrir a la declinación más amable y a los «corteses agradecimientos» que mi asistente siempre lograba transmitir a la perfección.

—¿Necesitas algo más? —me preguntó.

—No, gracias —contesté—, nos vemos el lunes.

Después de que Sonia se fuera, ordené los últimos papeles y me fui a casa.

Apenas abrí la puerta, sentí el placer del silencio flotando en ese encantador aroma «a limpio» que inundaba la casa los viernes cuando Adriana, como cada semana, hacía la limpieza a fondo y enceraba. Me di cuenta de que caminaba de puntillas, como para no arruinar la magia simple del momento, mientras pensaba en lo bien que me vendría una ducha antes de cenar.

La luz que entraba desde el jardín apenas amortiguaba la titilante señal del contestador automático. Cómo me hubiera gustado no ir hacia el miserable aparato y dejarlo encender y apagar su luz inútilmente. Ninguna razón especial, sólo me molestaba la sensación de que muchas de las máquinas que inventamos para servirnos terminaran esclavizándonos o casi...

Había tres mensajes.

Mi familia en pleno informando: Luis avisaba que llegaría a cenar alrededor de las diez, por una reunión de último momento; Patricio, que iba a ensayar con su banda en casa de Sergio, el baterista; y finalmente Renata, que se quedaba a dormir en casa de Pili.

Increíble, pero todo estaba en orden.

«Los astros acompañan», ironicé para mis adentros.

Tenía al menos dos horas, solamente para mí.

Un desprevenido podría pensar que no es mucho, pero ciertamente es bastante más de lo que, en general, una mujer como yo puede esperar a esta altura de su vida, con un marido portador cotidiano de variadas e infinitas demandas personales o sociales, y con dos hijos adolescentes de diecinueve y diecisiete años, llenos de amigos y problemáticas típicas o no tanto, coexistiendo con una actividad profesional intensa y exitosa.

En este contexto el trabajo de ser hija de una madre viuda (incapaz de valerse del todo por sí misma a pesar de haber pasado más de diez años desde el fallecimiento de su esposo, mi padre) y nuera de suegros separados (lo que multiplica por dos los encuentros y festejos de la familia política) es apenas un matiz si se lo compara con la indelegable responsabilidad de ser «la mujer de la casa», a cargo de la salud, higiene y alimentación de todos sus habitantes, incluidos dos gatos y un hámster (único recuerdo de la primera desilusión amorosa de la hija adolescente).

Sí... Dos horas de soledad y silencio eran casi, casi, un fin de semana largo. Decidí sumergirme en el agua de un maravilloso baño de sales, de esas que tenía guardadas en el armario del cuarto de baño desde hacía por lo menos tres años. De paso por la cocina descarté de plano la copa de vino que hubiera deseado, porque no había comido desde la mañana y no quería perderme nada del programa que tenía en mente hasta la cena. Me conformé con un vaso de zumo y me llevé la carpeta con los *mails* de las consultas para ver si leyendo el material terminaba de encontrarle al proyecto un lugar en mi mente.

La Editorial Pacífico tenía el suficiente prestigio y éxito como para tentarme. Tenía seriedad, un director y colaboradores de excelente nivel. En cinco años, su revista *NM* se había convertido en la publicación más importante en español de temas psicológicos dirigidos al gran público. Como ninguna otra, la propuesta era un verdadero halago, ya que esta vez se me había contactado debido no sólo a mi trayectoria y experiencia, sino también (estaba segura) a causa del *feedback* recibido por las columnas ya publicadas. Para hacer más atractiva la propuesta había quedado claro que en estas circunstancias yo tendría absoluta libertad para elegir los temas que más me interesaban y su línea.

Busqué el frasquito de las sales, lo destapé y olí el contenido, también para confirmar que no estuvieran viejas o rancias. ¿Se pudrirán las sales? Tiré un puñado generoso de los grumos turquesa y me metí en el agua tibia.

La temperatura estaba perfecta y las sales olían realmente bien.

«Tendría que haber puesto música», pensé, pero resistí la tentación de arruinar el momento buscando la excelencia.

«Un libro sobre los asuntos que unen y separan a las parejas», pensé. Sonaba indudablemente interesante. «Si aceptara —me dije—, debería comenzar por las cosas que son primeras, como decía Aristóteles. Empezar por la magia de los primeros encuentros, seguir por el amor, el noviazgo, la sexualidad. Continuar quizá con el proyecto en común de la convivencia, y llegar por último a las crisis del matrimonio y los problemas que aparecen con el crecimiento y la partida de los hijos...». Posiblemente sería una buena idea comenzar por ordenar las cartas recibidas en algunos de esos grandes grupos de temas.

Animada por un espíritu organizador, tomé la carpeta y empecé a leer los mensajes. Poco duró mi intención de agrupar las consultas por temas. Para mi sorpresa, todos y cada uno de los mensajes, sin excepción (y los revisé tres veces para convencerme), no hacían más que preguntas sobre las crisis de la pareja y sus múltiples motivos. No era una cuestión de franja etaria, las diferentes edades de los remitentes se ponían en evidencia apenas se empezaba a leer sus preguntas. Unos hablaban de su primer y turbulento enamoramiento, otros de cómo encarar sus repetidos desencuentros de pareja frente a la inquisidora mirada de sus nietos adolescentes.

Los problemas abarcaban los temas más disímiles: desde los celos hasta la indiferencia; desde la insatisfacción sexual hasta la rutina, sin olvidarse de la violencia psicológica y de la otra, pasando por los choques de carácter y, sin duda, la infidelidad.

Todos sabían del amor, o al menos eso creían, lo habían sentido y disfrutado, pero no tenían ni idea de cómo mantenerlo, cómo evitar el sufrimiento o cómo adaptarse a los cambios que el paso del tiempo acarreaba.

«El paso del tiempo», pensé, mientras me observaba los dedos de la mano izquierda que ya mostraban las arrugas correspondientes a casi una hora de inmersión espumosa.

Puse la carpeta a un lado y terminé de ducharme con el impulso de la decisión tomada. Aceptaría la invitación, pero no me dejaría tentar por las urgencias de los lectores. Comenzaría por el principio, como debía. Después de todo, si las crisis aparecían, su origen estaba en el vínculo, en la pareja, en cómo se la elegía y de qué modo se llegaba a ella.

«Sí», me dije, ahora de viva voz, mientras me envolvía en la bata y salía como un bólido directo hacia el escritorio. Me acababa de acordar de que unos meses atrás había escrito una columna que nunca llegó a publicarse, justamente sobre el tema de las elecciones de pareja.

Encendí mi ordenador y busqué en «Mis Documentos» la carpeta llamada «Artículos No Publicados». Al abrirse la ventana, el *mouse* se detuvo casi automáticamente en el archivo «Elegir pareja». Hice doble clic en él y lo leí:

No hay mapas para ir al encuentro del amor trascendente, pero es indispensable que el otro despierte en nosotros cierto tipo de incondicionalidad.

Este toque incondicional del amor se manifiesta en la sensación de un encuentro de almas, en la atracción, en las ganas de estar juntos... No se puede explicar, es ese bienestar, esa alegría del corazón que se siente por el solo hecho de que el otro esté cerca.

Cuando esa llama arde en nuestro corazón, parece que estuviéramos en las nubes... Pero, claro, no somos puro corazón y no siempre podemos estar en las nubes, también vivimos en forma terrenal, tenemos necesidades, gustos, cautelas y preocupaciones que influyen en la relación. Dicho de otra forma, necesitamos también que el otro encaje en nuestras preferencias. Llamo a esto el aspecto condicional del amor, y resulta difícil y pernicioso ignorarlo por completo. Porque como anuncia el Talmud desde hace más de dos mil años: un pájaro y un pez pueden enamorarse y hasta casarse, pero ¿dónde harían el nido?

Estos dos aspectos del amor, la incondicionalidad con la que se encuentran las almas y la condicionalidad que imponen los gustos y las preferencias de ambos, deben seguir presentes y ser al menos compatibles para que la pareja trascienda.

Al elegir una pareja, en primer lugar, tenemos que dejar que el corazón, el alma, nos guíe y después que la cabeza acompañe, porque a menos que se trate de un pez y un pájaro, siempre es posible llegar a encontrar un terreno en común en nuestros gustos. Podemos acomodar nuestras condiciones, pero no es posible «fabricar» lo incondicional; el encuentro de almas sucede o no sucede.

No es posible establecer proporciones de uno y otro encuentro. Varía de pareja en pareja y, de hecho, es normal que cambien con el tiempo. Por ejemplo, la primera etapa, la del noviazgo, es un terreno propicio para que se desarrolle el encuentro incondicional, pero después, al casarnos y construir un proyecto, formamos un hogar, tenemos hijos, y hacemos planes para el futuro personal y profesional, individual y compartido. Es entonces cuando crecen los aspectos más condicionados del amor: disfrutamos de la sensación de estar remando juntos en el mismo barco y en igual dirección.

Muchas parejas caen en el error de descuidar en estas etapas el cultivo del amor incondicional que habita en cada uno, olvidando los tan importantes espacios donde se disfruta de «hacer nada juntos», especialmente una vez establecidos y conviviendo, cuando el proyecto en el mundo externo no necesita tanto de nuestra atención.

No es casual que aparezcan muchísimas crisis de pareja, como la mayoría de los pacientes denuncian: «Justo cuando lo teníamos todo y podíamos empezar a disfrutarlo». Durante estas crisis todo parece bonito y ordenado, pero si no hay encuentro de almas la vida en pareja se puede volver un gran vacío y la rutina terminará abarcándolo todo.

Terminé de leer y me levanté para servirme esa copa de vino que había postergado. Había escrito aquel artículo varios meses atrás. Juraría que en aquel momento no sentía que podía mirarme en el espejo de esa última frase. Sí, a veces la vida matrimonial podía transformarse en un extenso vacío, una larga rutina como la que me rodeaba, llena de repetidas escenas como la que en pocos minutos tendría lugar en casa.

Luis llegaría cansado y, mientras yo sirviera la cena, la televisión de fondo nos contaría las noticias, los accidentes y las tragedias del mundo. Todo igual que casi cada noche en los últimos años, sucediéndose bajo nuestro silencio o nuestros minúsculos comentarios de color, que ahora mismo no sé si eran o no peores que ese no decir, que tanto decía a gritos de un profundo desinterés.

Era cierto, hacía tiempo que no me entusiasmaba conversar con Luis. Si lo veía desde afuera, pensaría, como todos, que la nuestra era una pareja «atípicamente bien avenida». Era evidente que en nuestro matrimonio cada uno actuaba su parte con solvencia. Muy adulto. Muy correcto. Muy civilizado. Mi vida se iba pareciendo a un círculo que se cerraba sobre cada una de aquellas tediosas noches, como si una soga me rodeara el cuello y poco a poco me fuera dejando sin aire.

A esa misma hora... cada día... sentía invariablemente que el mundo me aplastaba.

Lo peor era mi certeza de que a la mañana siguiente, la historia volvería a repetirse aunque con mucho menos dramatismo. Otro decorado, otra luz, otras palabras. La radio en lugar del televisor, el desayuno en vez de la cena, y en el fondo el mismo argumento.

Luis bajaba, ya vestido y los dos nos sentábamos frente al café y el zumo de naranja. Hablábamos lo necesario y nos despedíamos, ocho minutos después, con un beso desapasionado (de esos

22

que la gente da por compromiso, diciéndose que total, en algunas horas, otra vez, se van a volver a encontrar).

Aunque no lo reconocía, hoy sé que ese beso me provocaba una tristeza tan profunda que yo cargaba con ella el resto del día. Con el tiempo aprendí que si corría o nadaba más o menos rápido, conseguía dejar atrás el tono gris de mi existencia a media mañana.

Mi «fin de semana largo» había llegado a su fin y había que emprender el doloroso camino de vuelta al creciente aburrimiento de lo cotidiano.

Ahora que los chicos se iban volviendo más independientes, la cena nos encontraba casi siempre a solas, como ese viernes en el que «para variar» todo fue como siempre. Luis llegó a las diez y media, comimos sin demasiadas palabras, algunas sobre los chicos, pocas sobre los impuestos y unas más, finalmente, sobre la posibilidad de escribir el libro (su comentario fue que si yo quería hacerlo, estaba bien).

No hubo café. Luis se fue a dormir temprano, no sólo porque estaba muy cansado, sino porque a la mañana siguiente tenía un partido de golf. En cuanto él subió, yo ordené la mesa, limpié la vajilla y me encerré de nuevo en el escritorio.

Busqué la carpeta de los lectores y la copa de vino que allí había quedado. Abrí al azar el mensaje de una mujer de cuarenta y seis años que escribía esta consulta que ahora parece una premonición:

Creo que, en el fondo, mi marido y yo hemos ido perdiendo el auténtico interés que alguna vez sentimos el uno por el otro. Poco a poco todo ha ido perdiendo el viejo sabor. Respecto de los sentimientos, estoy segura de que lo quiero y pienso que también él me tiene cariño, pero nada más. Y lo malo es que para mí no es suficiente. Éste no es el mundo con el que soñé. Me he dado cuenta de que quiero vivir de otra manera. Correcto o no, pretendo para mi vida otras emociones y esto me preocupa. ¿Hay algo que pueda hacer?

Cerré la carpeta y un par de lágrimas resbalaron por mi cara. Claro que esa noche, el amago de llanto no era más que una manera de descargarme, una forma de expresar lo que sentía, un poco empujada, supongo, por los efectos del vino. Las palabras de esa desconocida nada tuvieron que ver con lo que sucedió al día siguiente. O tal vez sí. Quizá por algún extraño sincronismo llegaron a mí justo en ese momento, para ir preparando un camino.

Capítulo 2

Cuando me desperté, Luis hacía por lo menos dos horas que se había ido. El espacio vacío en la cama me permitió desperezarme a gusto, y me quedé un buen rato recostada, entre el sueño y la vigilia, sin poder ni querer desprenderme de los retazos de la lectura y los pensamientos de la noche anterior.

En mi cabeza se mezclaban los *mails*, el artículo sobre el amor y lo que había estado pensando sin demasiados límites ni contornos. No sé cuánto tiempo permanecí ahí, «colgada», hasta que el teléfono me hizo volver a la realidad.

Una voz metálica me anunciaba que había salido ganadora en el sorteo de un automóvil que jamás había intentado comprar.

Me reí para mis adentros, tratando de adivinar si existía alguien en el mundo que pudiera creerse una estupidez semejante. Corté la comunicación contestándome que si ese tipo de publicidad existía, debía de ser, sin duda, porque alguien todavía creía en esos anuncios. Al poner un pie fuera de la cama, me encontré acusándome de ingenua, siempre hubo y habrá quienes decidan tomar por cierta una evidente mentira, especialmente si suena más placentera que la realidad.

Aunque era sábado, y como para no perder la costumbre, tenía también una larga serie de ocupaciones y no todas placenteras, así que decidí no darme prisa. Después de ducharme y desayunar largo y sola (¡qué bien!), alimenté a los gatos, limpié la jaula del hámster y completé la lista para el supermercado.

Separé la ropa que iba a ponerme (unos vaqueros y una camiseta), colgué la falda y la blusa que había usado el viernes, lancé la muda dentro del cesto del baño y comencé a separar los trajes de Luis, que debía llevar a la tintorería camino del híper...

No voy a echar la culpa de lo que pasó a la educación meticulosa de mi madre («antes de poner la ropa a lavar no te olvides nunca de vaciar los bolsillos»); ni tampoco voy a recriminarme por haber desoído las sabias e inquietantes palabras de mi abuela Justina cuando decía: «Jamás busques donde no debes, porque puedes encontrar lo que no quieres...».

No.

Nadie tuvo la culpa, nadie.

Ni siquiera el empleado del Hotel Volpe, que por costumbre o descuido confeccionó la factura a nombre del señor y la señora Gracián. ¿Por qué iba a pensar o adivinar que aquélla, la que estaba allí con el señor Luis Gracián, no era la señora de Gracián?

Nadie era culpable, pero ahí estaba yo, con la prueba en la mano. Mi queridísimo y devoto marido no había estado solo en su último viaje a Montevideo, sino en compañía de otra mujer («o de alguien vestido de mujer», me burlé...) que arrastraba a mi Luis por caminos más que extraños. El listado de consumiciones de la habitación lo corroboraba: tres zumos de zanahoria (¡zumo de zanahoria!), una bebida que Luis, *motu proprio*, no hubiera incorporado a su dieta ni en la peor de sus pesadillas.

Me quedé sentada en la cama, como petrificada, sin poder moverme, ni gritar, ni llorar durante largo rato.

Cuando uno no puede pensar original o lúcidamente, siempre aparecen, estúpidas o no, las frases que la vecina de al lado le diría a su amiga «la de enfrente» en una situación como ésa. Que «en fin», que «qué se le va a hacer» y que «estas cosas pasan en las mejores familias» (lo del descuido y lo de la infidelidad, por supuesto).

Nadie tenía la culpa, quizá ni siquiera Luis...

Sin embargo, yo tendría que haberme dado cuenta. Mil veces, como terapeuta, atendí a mujeres que decían haber «descubierto» con sorpresa infinita una «aventura» del marido, cuando en realidad con sólo escuchar el relato de la paciente se hacía evidente que la pareja estaba hecha trizas desde hacía años y que el esposo en cuestión tenía hábitos cada vez más exóticos, de los que cualquiera, menos la esposa, hubiera podido inferir su infidelidad.

Así que yo, supuestamente una intuitiva e inteligente terapeuta de parejas, conocía de sobra este tipo de situaciones. Pero no había sido suficiente. Aquí estaba con el enorme cuchillo de palo que había aparecido en mi casa de herrero.

«Una negación a escala vergonzosa», me seguía diciendo más tarde, mientras recordaba pequeños detalles, aparcaba el coche, ataba cabos y, como una autómata, tomaba el carrito más grande que encontré —hoy me doy cuenta—, con el afán de llenar de mercancía el enorme vacío que se iba apoderando de mi cuerpo y de mi alma.

Durante todo el tiempo que duró la compra hice esfuerzos denodados por no hablar sola y reprimir las lágrimas, y aunque lo logré, no conseguí que mi cabeza no se desbocara. Pensaba una cosa y la otra y la de más allá. Pensaba, desde luego, las cosas más razonables y las más disparatadas, que iban desde simular no saber un ápice del asunto por el resto de mis días, continuando con el matrimonio como si nada hubiera pasado, hasta volver a casa, hacer cambiar la cerradura antes de que Luis regresara y dejarle en la puerta una maleta con las cosas indispensables a lo sumo para... dos días.

Juro, sin embargo, que el set de cuchillos de cocina lo compré sólo porque era una oferta más que tentadora, y no porque se me hubiera pasado por la mente hacer algo con ellos. Lejos de mí. En realidad, y para la venganza inmediata, bastó con ir sacando del carrito todas esas cosas que solamente Luis usaba, bebía, comía o necesitaba y que en los últimos veinte años yo me había ocupado de comprarle sistemáticamente.

«¡Qué estúpida!», me acusé.

«¿Estúpida por qué? —me defendí de mí misma—. ¿Por creer en el amor y en la pareja? ¿Por ocuparte de la persona que amaste? ¿Por apostar por un "nosotros" que deseabas eterno? ¿Acaso llamarías estúpida a una paciente que actuara de esta manera?»

«No... pero no es lo mismo», me dije siguiendo con el ataque.

«Por supuesto que es lo mismo», sentencié.

Me puse en la cola de la caja que aceptaba pagos con tarjeta de crédito y traté de ordenar un poco el caos interno.

Ahora entendía por qué la mayoría de la gente preguntaba por las crisis en lugar de querer saber sobre el amor.

De pronto tuve claro que si finalmente escribía el libro debería desobedecer al gran Aristóteles y comenzar por el final, por los problemas, por las crisis y quizá precisamente por la infidelidad.

Podría empezar recordando la historia de Sebastián, un paciente al que había atendido hacía muchísimos años. Honorable o no, ese lugar le correspondía, después de todo fue en mi carrera como psicoterapeuta el primer hombre que me habló de su infidelidad. Relatar su caso podía ser muy útil para el libro, tanto para abrir el tema como para esquivar cualquier tentación de mirar la realidad sólo a través de mi punto de vista. Recuerdo que ya en aquel momento me entusiasmó la idea de escuchar por fin la descripción de un incidente extramatrimonial en la voz de un varón. Siendo lo mismo, yo intuía que no debía de sonar igual.

En sus propios términos, Sebastián aseguraba que la vida le había hecho el más grande de los regalos el día que conoció a Pilar. El amor había nacido entre ellos, inmediato y avasallante. En poco tiempo fueron una pareja llena de proyectos, un matrimonio constituido y casi nada después una familia «ideal». Todo era luminoso y apostaba por seguir siéndolo para siempre. Sebastián había llegado a la consulta porque, a pesar de la veracidad de todo lo dicho, a medida que fue transcurriendo el tiempo empezó a darse cuenta de que algunas partes de sí mismo habían ido quedando postergadas y se encontraban en agonía o por lo menos profundamente dormidas.

El despertar llegó de la mano de Carla, cuya luz interior, según él, hizo que se reencontrara con esas partes oscurecidas. Según Sebastián, él no lo buscaba, no lo quería, no lo aprobaba, pero ocurrió. Juró que cuando se dio cuenta de la intensidad de lo que sentía había intentado negarlo y que después, como no quería perder a su pareja, su familia y sus hijos, trató de alejarla y alejarse, pero el esfuerzo no fue suficiente, la magia movilizadora de algunas sensaciones que ni recordaba haber olvidado, y especialmente la pasión que aparecía en cada encuentro sexual, hicieron, según me contaba llorando en la intimidad de la consulta, que el desafío de renunciar a Carla fuera imposible.

Aunque había pensado muchas veces en aquellas palabras de Sebastián, el sintético recuerdo de su paso por la consulta esta vez me conmocionó.

Es muy común ver en la consulta (y también en la vida propia y ajena) cómo la aparición de un tercero corre el telón sobre una situación de pareja insostenible, donde el amor se ha evaporado, las peleas han derrumbado lo que había y la realidad cotidiana se transforma en el empujón que faltaba para darse cuenta de que «lo que iba y era, ya no es ni va más». Naturalmente, en esos casos, dado que no se puede inventar lo que no está, la pareja empieza a pensar seriamente que quizás haya un único camino, que es salir de esa situación. Claro que no siempre es así, hay también otros escenarios. El mundo está lleno de parejas que han conocido y conocen el amor, que han formado una estructura que todavía sigue en pie, aunque tenga algunas grietas de las que probablemente no hay conciencia, y algunas heridas que se prefieren recordar como cicatrizadas. Parejas con aspectos descuidados, emociones anestesiadas o rincones del pasado que duelen, en las que el tiempo, las tensiones y la rutina fueron, además, haciendo su trabajo. Es en esos vínculos en los que, un día cualquiera, las circunstancias permiten que una tercera persona se meta queriendo o sin querer por entre las grietas... Y, entonces, las partes dormidas despiertan como tocadas por una varita encantada y, obviamente, el que lo vive y lo disfruta termina adjudicándole la magia a esa persona que se ha cruzado en su camino.

El tercero (el amante, la amante) parece tener el poder de volvernos livianos, despreocupados. No advertimos que somos nosotros los que dejamos la «carga» fuera de la relación.

Es tan agradable sentirse leve, sin obligaciones, abiertos al placer, sin otro centro que ese momento fugaz.

La sexualidad es uno de los aspectos que el devenir cotidiano va aletargando. ¿Cómo se puede disfrutar verdaderamente de nuestros aspectos más íntimos si se acuestan entre ambos las preocupaciones del vencimiento de alguna factura o se escuchan desde el otro lado de la puerta los gritos de los pequeños demandantes que nos exigen que juguemos con ellos o les ayudemos en su tarea?

No es difícil entender que en una relación extramarital, después de dejar por fuerza y por impertinencia la mochila de las preocupaciones fuera del cuarto, uno termine entregándose a la relación más liviano y divertido.

No es de extrañar que, lejos de todos los problemas y sin obligaciones, el encuentro entre los amantes tenga una capacidad de darnos placer que no tendría de otra manera, especialmente en el sexo.

Yo sabía y entendía todo eso y más... Pero era totalmente consciente de que esa capacidad y comprensión no me importaban en lo más mínimo.

Capítulo 3

Cuando terminé de guardar las cosas de la compra era casi la una. La casa parecía ordenada, pero era sólo desde una mirada superficial; en lo profundo yo seguía sin saber dónde poner las cosas y, sobre todo, sin saber dónde ponerme yo.

No me quedaba mucho tiempo para definir mis siguientes pasos. Por más que el almuerzo de Luis y sus amigos se extendiera, volvería antes de las cuatro, para hacer su religiosa siesta de los sábados. La absurda idea de pretender aparentar que no sabía nada era imposible de llevar a la práctica, primero porque siempre fui una pésima simuladora y segundo porque hubiera sido como ir en contra de todo lo que creo y hago como mujer, como profesional de la salud y como terapeuta de parejas. Por otro lado, las escenas y los melodramas nunca fueron nuestro estilo y no se correspondían ni un poco con la historia compartida durante los veintitrés años que llevábamos de matrimonio.

En más de dos décadas, muchas cosas nos habían pasado, mucho había cambiado cada uno de los dos y mucho, muchísimo, nuestro vínculo. No era la primera crisis en nuestra pareja, pero era la primera traición, por lo menos la primera de la que yo me enteraba, la primera que saltaba de la fantasía a la acción.

La infidelidad siempre representa una tentación, yo podía entenderlo, yo misma la había sentido alguna vez.

Todavía lo recordaba aunque había sucedido muchos años antes. Él se llamaba Pedro y nos habíamos vinculado intercam-

31

biando algunos comentarios acerca de temas de la profesión, en un congreso en Asunción del Paraguay.

Nunca me gustaron demasiado los congresos. Los esquivaba siempre sutil o brutalmente, a veces hasta usando a Luis como argumento. La invitación del Paraguay me llegó en medio de una de nuestras crisis más serias. Pensé que debía tomar un poco de distancia para volver a la pareja desde un lugar mejor. Y tenía razón al pensarlo, porque una vez en Asunción me di cuenta cabal de lo desbordada y perdida que me sentía.

Pedro era agradable, apuesto sin exageraciones, gentil y sumamente servicial. Me di cuenta enseguida de que su atractivo principal estaba en su cadenciosa manera de hablar y en la despampanante sencillez de su discurso. Creo recordar que dijo que se acercó a mí porque no pudo evitar la tentación de invitarme a un café. Lo usual y repetido, «el no ya lo tengo, luego, ¿por qué no intentarlo?» (una frase que, dicho sea de paso, siempre me pareció de lo más estúpida).

Y yo acepté la invitación porque me convencí diciéndome que el encuentro no sería más que eso, dos personas conversando, sentadas en un café y que eso no tenía nada de malo, y porque hacía mucho que nadie se sentía tentado a invitarme a tomar café, y porque quería secretamente plantar una queja en el laberinto en el que se iba transformando mi relación con Luis y seguramente también por la no menos importante razón de disfrutar un rato del halago vanidoso y femenino de sentirse deseada.

Era como una travesura adolescente y yo quería disfrutar de ella, pero me encontré sintiendo algo más que el escozor de una pequeña regresión consciente. Sentí el alivio de quien se escabulle por un rato de la celda lujosa y confortable en la que está preso y que con el tiempo parece estar quedándole chica. No me importaba demasiado si el aire fresco duraba poco o menos, me importaba poder sentir esa brisa en mi cara, aunque fuera un momento.

Cumpliendo con corrección su papel, él trataba de seducirme, de acercarse y de insinuarse sin ser grosero ni mostrarse ansioso.

Teníamos cuestiones profesionales en común que a él le interesaba debatir conmigo, había leído algunos de mis artículos y había escuchado hablar de mí, pero sobre todo, como después me dijo, yo le gustaba y quería decírmelo. Hablamos, disentimos y nos reímos, y todo eso fue, para mí, una experiencia casi contradictoria. Un encuentro distendido y sin urgencias; por un lado sin mayores pretensiones, por otro, movilizador y memorable.

Cuando nos despedimos, Pedro propuso un nuevo encuentro. ¿Por qué no ir a bailar? ¿O a un cine o a cenar a la luz de la luna...?

Ahí fue cuando me di cuenta de que yo no estaba preparada para seguir adelante. Mi cabeza se imponía a mi cuerpo haciéndole saber que era necesario primero tener clara mi situación conyugal, buscar y encontrar nuevas respuestas a mis viejos problemas matrimoniales.

No continuar con aquella historia no fue una decisión obligada por algún mandato familiar ni por alguna hipócrita moralidad pacata. Sabía que podía hacerlo, sabía que hasta en el caso de avanzar, todo podría quedar en la sombra, pero preferí enfocarme en mí misma y en lo que le estaba pasando a mi pareja...

Ahora, confirmaba que estuvo bien.

Ahora, que Luis no había hecho lo mismo.

Quizá no había querido, tal vez no había podido. Me di cuenta de que ya no importaba.

Casi me sorprendió registrar que tampoco estaba demasiado interesada en descubrir con quién había estado, ni por qué. El tema en todo caso éramos nosotros y si en efecto nos acercábamos al final de nuestra pareja o no. Pensé que tal vez estaba negando el proceso interno. Que quizá debería estar más enojada, furiosa o con ganas de golpearlo.

Pero no. Lo único que me invadía era la sensación de estar en medio de una tormenta de sentimientos que me costaba ordenar: en un instante, la tristeza amenazaba con hacerme saltar las lágrimas, y en el siguiente la pena salteaba el esperado enojo y se transformaba en un profundo temor a mi futuro, el de los niños y hasta el de él.

Fui al baño a lavarme la cara a ver si me despejaba y, allí, ante el espejo, recuerdo que me miré con un gesto tierno aunque firme, como para darme ánimos.

Cuando una infidelidad sorprende, defrauda y decepciona al que la descubre, el precio que se paga es, en general, bastante alto: la pérdida de la pareja, la rotura de la familia (al menos tal cual era), el resquebrajamiento de una estructura que podría haberse salvado si él y ella hubiesen trabajado para subsanar las «grietas» que tenía el vínculo.

Por supuesto que después, lamentablemente después, uno asume lo obvio, que un hecho semejante siempre nos instruye acerca de las carencias que ya tenía la pareja. Y en muchos casos, dolorosamente, el darse cuenta llega tarde.

Con la ventaja de mi profesión, quizá yo pudiera hacer lo que aconsejaba a otros y nadie podía. Quizá nosotros sí pudiéramos aprender de lo sucedido y volcarlo a favor de la recomposición de la relación. No se me escapaba que para hacerlo posible era indispensable reconstruir la confianza y el compromiso, y que eso era muy difícil. El impacto psicológico de un hecho como el que me tocaba vivir no era un asunto menor.

Lo había visto y acompañado tantas veces. Tanto el herido como el «infiel» intentan endilgarse mutuamente toda la responsabilidad de lo sucedido.

Uno dice: «Anduviste con otra (o con otro)... No intentes culparme a mí de eso».

El compañero responde: «Por supuesto que es tu culpa. Tú no estabas para mí, tu ausencia (o tu abandono, o tu silencio, o tu desamor) me llevó a esto».

Llegados a este punto, es fácil diagnosticar cómo cada uno tiene siempre su propia versión del conflicto, muy parcial y simplificada, que «demuestra» la poca responsabilidad propia y la gran culpabilidad del otro. Es fácil predecir que mientras no se acomode la descripción del problema a la percepción de ambos, ellos sólo podrán dedicar su energía a resistir en la propia posición cavando más y más hondo en la trinchera de su subjetiva interpretación de los hechos.

Por esa senda andábamos Luis y yo.

¿Cómo lograr lo que todos los libros sobre vínculos matrimoniales enseñan? Darse cuenta de que la pareja es una sociedad en la que ambos terminan teniendo siempre responsabilidades compartidas y que esto es así en todos los casos.

¿Cómo comprender y aceptar que aunque ambos nunca sean igual o equivalentemente responsables de lo que sucede, perder el tiempo en medio del conflicto, tratando de determinar qué porcentaje de responsabilidad le cabe a cada uno, es siempre una tarea estéril?

Antes de que sucediera, hubiera sido diferente...

Quizá si Luis y yo hubiéramos podido hablar más entre nosotros...

Debíamos habernos preguntado qué estaba sucediendo en la relación. ¿Qué le estaba pasando a cada uno? ¿Qué es lo que no estaba funcionando? ¿Qué teníamos que aprender de nuestra frustración para no quedarnos en la acusación y el enjuiciamiento? No era fácil, ni en una relación como la nuestra ni en ninguna otra. Es todo un desafío poder expresar lo que le pasa a cada uno sin acusar al otro, sin defenderse. Para lograrlo haría falta dejar de lado, aunque fuera por un momento, la historia actual que cada uno de los dos se contaba para justificar su inocencia y atreverse a abrir el corazón, primero cada uno frente a sí mismo, luego uno frente al otro.

¿Qué estuvo sucediendo con mis necesidades emocionales más primarias?, ¿me sentía valorada?, ¿me sentía segura?, ¿podía conectarme emocionalmente conmigo y con Luis?, ¿era capaz de manejarme en forma independiente?, ¿me podía expresar en libertad?, ¿me divertía en esta relación?, ¿cómo convivía con las limitaciones que la estructura familiar me imponía en la vida real?

Yo me daba cuenta de que detrás de cada una de las preguntas que se me aparecían, se escondía una herida antigua. Algo que arrastraba desde mucho antes y que ahora depositaba en Luis declarándolo injustamente el máximo, si no el único, responsable de mi dolor.

Con toda seguridad, lo mismo le pasaba a mi marido. De hecho, cada vez que no se sentía valorado o reconocido en nuestra relación me acusaba de despreciarlo o de no quererlo demasiado, cuando en realidad, si miraba con honestidad en su interior, hubiera encontrado su propia dificultad para reconocerse como una persona de valor. Pero Luis no hacía esa búsqueda hacia adentro, él se limitaba a esperar constantemente que fuera yo, con mis dichos y mis acciones, la que despejara las dudas que él mismo tenía sobre su verdadero valor.

De poco habían servido las infinitas veces que le reclamé que se tomara el trabajo de reconocerse desde lo más profundo como lo que era, una persona llena de méritos.

«Si pudieras saber lo valioso que eres, no necesitarías estar corriendo detrás de mí, buscando que yo compense tus carencias.»

Yo pensaba que Luis no quería creerme; ahora, me daba cuenta de que en realidad había encontrado otro camino; simplemente recibir de otra persona ese reconocimiento incondicional que yo le negaba.

Junto a nuestras heridas, esas que acarreamos desde hace tanto tiempo, llevamos siempre nuestra necesidad de sanar. Es por eso que cuando un tercero aparece y nos damos el permiso de dejar de lado los condicionamientos (los viejos y los recientes), cuando nos concedemos la libertad de relajarnos y disfrutar sin más de lo que sucede, surge también la ilusión de haberse sanado de todos esos dolores y la lógica tentación de atribuirle a él o a ella el poder mágico de la cura.

El trabajo que mi pareja tenía por delante era volver a lo que siempre dijimos que sería nuestro sino, poder identificar las necesidades insatisfechas de cada uno, para poder ayudarnos mutuamente en el camino de sanarnos, de crecer, de desarrollarnos como personas, de hacer crecer juntos nuestro vínculo.

Como siempre decíamos bromeando con seriedad: «Deseo y necesito de tu ayuda y de tu consejo, para poder hacer lo que a mí me apetece».

Si los dos miembros de una pareja se sienten seguros, queridos, independientes, conectados, libres y relajados, es difícil el desencuentro. Y sin desencuentro la infidelidad no tiene espacio, porque no tiene sentido.

«Indudablemente, éste es el camino que hay que seguir», me dije justo en el momento que oía las llaves en la puerta.

Me quedé quieta, en silencio.

Escuché los pasos de Luis que subían la escalera y caminaban hasta nuestra habitación. A los pies de la cama, como para que no pudiera pasarla por alto, yo había dejado la factura del Hotel Volpe.

Capítulo 4

No hubo escenas ni reproches. Como dije, no son mi estilo, no me salen. En los momentos cruciales de mi vida no puedo gritar, las palabras se me quedan atascadas en la garganta. Tal vez, como me decía siempre mi terapeuta, aun en esos instantes me asalta el miedo de decir algo de lo que después no pueda más que arrepentirme. Puede que ésa sea la razón y puede que no, pero es innegable que a lo largo de toda mi vida, en los episodios más dolorosos —y éste fue uno de los peores—, sólo he sido capaz de llorar.

Esta vez mi llanto fue especialmente silencioso, sin estridencias, sin congoja, como si asistiera al entierro de un ser muy querido, cuya muerte fuera un hecho natural y previsible pero aun así doloroso.

Luis no dijo demasiado, también a él le faltaba el aire, pero tampoco hizo falta. Yo lo conocía tanto que en el fondo de sus ojos podía leer con claridad lo que estaba pasando con su alma. Su gesto y su cabeza gacha decían sin palabras sus argumentos insuficientes: no había querido, no había pensado, no supo, ni pudo medir las consecuencias...

Y yo, que podía haber preguntado en ese momento quién era ella, cuánto tiempo llevaban viéndose o cuál era la verdadera dimensión de los sentimientos que los unían, no dije nada. Solamente me acerqué y le puse una mano en el hombro para que supiera que no necesitaba decir nada, que yo sabía lo que sentía y que me daba mucha pena.

Era un sentimiento profundo que parecía abarcarlo todo. Sentía pena por nosotros, por mí misma y por los chicos... Misteriosamente sentía también algo de pena por él. Lo quisiera él o no, tendría que cargar sobre su espalda con el peso mayor, el de la responsabilidad que tiene aquel que primero toma la decisión de romper un pacto, sabiendo a solas consigo que ni yo, ni la otra, ni la situación, lo obligamos a hacerlo.

Aquella tarde, después de decirnos cosas, todas desagradables y lastimosas, nos abrazamos y lloramos juntos largamente. Para bien o para mal, de alguna forma lo sucedido cambiaría para siempre nuestro vínculo.

Después, no recuerdo cuánto tiempo después, me recosté sin quitarme siquiera los zapatos sobre el colchón y me quedé profundamente dormida, más de agotamiento que de sueño.

Nunca me había pasado, me desperté a las tres de la tarde del día siguiente.

Llamé desde el pasillo:

—¡Luis!... ¡Luis!...

Y luego golpeé la puerta de la habitación de Patricio y de la de Renata. En cada uno de los cuartos sendas notas avisaban el programa de domingo que los tendría ausentes hasta la noche.

La casa estaba desierta, y yo también...

Por un momento tuve la fantasía de que Luis había reunido sus cosas y se había ido para siempre. Volví por el pasillo hasta su ropero y lo abrí.

No. Allí estaba todo. Incluida aquella horrible y destruida camisa azul a cuadros sin la cual, yo sabía, Luis jamás hubiera podido partir.

Paradójicamente me molestó mi sensación de alivio.

Si se hubiera ido, así, sin avisar, estoy segura de que toda mi comprensión y mi pena hubieran saltado por el aire y mi tristeza hubiera encontrado su escondite ideal detrás del enojo, de la furia y del rencor.

Pero aun sin caer en la tentación de escapar hacia esos sentimientos desagradables a los que yo misma había visto destruir a personas hasta dejarlas hechas guiñapos...

Aun conectada con los mejores deseos de resolver las cosas para que «todo termine bien», como pediría mi madre...

Aun con la certeza de que el valor que para ambos tenía la familia nos ayudaría a pasar esta crisis...

Aun así...

Me preguntaba si sería posible salvar nuestro vínculo.

No sólo «sostener el matrimonio», sino, sobre todo, reconstruir nuestra pareja.

Luis parecía creer que sí, y seguramente por eso, al volver a casa, una hora más tarde, entró en la cocina donde yo tomaba muy lentamente un té, se paró detrás de mí y puso sus dos manos en mis hombros mientras me decía:

—Irene, no quiero que nos separemos...

Hoy me doy cuenta de que yo no necesitaba más que ese gesto para decidir que valía la pena intentarlo.

Capítulo 5

Recuerdo aquellos días como una inmensa nebulosa, en la que, como siempre, mi trabajo era la tabla salvadora de cualquier naufragio. Todo el tiempo que no estaba en la consulta o haciendo cosas de la casa lo dedicaba al nuevo proyecto, el libro que finalmente había decidido escribir. Aunque todavía no iba a confirmárselo a la editorial, pues primero quería evaluar conmigo misma si era capaz de hacerlo.

La repercusión de mi columna en *NM* me hacía pensar que también desde el libro podría ayudar a muchos otros, aunque en aquella crisis personal y de pareja muchas de las palabras que escribía para un lector o lectora imaginarios saltaban de la página y se convertían en un disparador de ideas, en una ayuda para mi propia reflexión o en una manera segura de observar con cierta distancia lo que me estaba sucediendo con mis confusos sentimientos.

Como otras veces, escribir sobre lo que a mí me pasaba terminaba confiriendo a mis textos un tinte de autenticidad que los volvía, al parecer, más atractivos y más creíbles para quienes los leían.

Debía ahondar en el tema de la infidelidad. Pero no sobre sus causas o motivaciones. Tampoco sobre el caótico momento del descubrimiento. Debía hablar del día siguiente y de los que vendrían inmediatamente después.

Me senté a escribir retomando mi pensamiento donde lo había abandonado unos días antes.

... Ninguna infidelidad es igual a otra y cada pareja necesita enfrentarla desde un encuadre único. Siempre hay una salida, pero es imprescindible y prioritario que ambos quieran encontrarla.

Resulta obvio que siempre hay razones para quedarse y razones para irse de una relación en crisis, y que por mucho que su fuerza sea equivalente deberemos tarde o temprano tomar una decisión. Sin embargo, también es claro que en las primeras semanas o meses el clima que se vive entre ambos no es el mejor para decidir actitudes que quizá no tengan retorno, sobre todo en aquellas parejas que han sido felices, sanas y fuertes alguna vez...

En esas parejas y en todas, una infidelidad debe ser analizada, *a priori*, como el síntoma emergente de una patología vincular previa; y, por lo tanto, si se quiere continuar con el vínculo, la única forma será dedicándose ambos a hacer crecer los aspectos más inmaduros de los dos, sanar las heridas y poner en marcha lo que está paralizado... La gran duda es: ¿existe o no la posibilidad de hacer esa tarea dentro de una pareja en crisis?

La mayoría de las veces los desencuentros de la pareja se complican más y más a medida que discuten el asunto; y la razón no debe buscarse en la gravedad del problema en cuestión. Se trata de que, casi siempre, la situación no es abordada con la madurez necesaria, especialmente cuando el tema de confrontación roza algún tipo de lucha por el poder, el establecimiento de los propios espacios, una cuota de sufrimiento o simplemente implica un determinado grado de frustración. Es que al ingresar en estas áreas de nuestra estructura interna siempre afloran los aspectos menos resueltos o crecidos de cada uno, nuestras conductas más neuróticas e infantiles.

El mejor antídoto para conjurar esta tendencia explosiva y muchas veces no consciente a las respuestas inadecuadas o irracionales, lo aportará siempre la historia previa del vínculo.

En el caso de la infidelidad, la capacidad de superar el episodio (que para otros es «imposible» de olvidar o perdonar), es mucho más posible en aquellas parejas que han vivido durante años un vínculo mutuamente nutritivo, en especial si han compartido alguna vez (no tan lejana, no tan olvidada) una verdadera conexión de almas.

Solamente un terreno como éste puede llegar a aportar la condición de seguridad necesaria para trabajar lo que sigue al caos inicial: meses de convivencia cotidiana con los fantasmas de la duda y el miedo rondando por la casa.

El que ha sido infiel, en el mejor de los casos intentando hacer visible su compromiso y su voluntad de crecer dentro de la pareja; pero no dispuesto a ser para siempre una persona que está «bajo sospecha».

Quien ha sufrido la infidelidad haciendo lo posible por abrirse a las modificaciones que se necesitan hacer dentro de la pareja y resistiendo la tentación de reprochar o castigar al otro por lo que hizo; aunque también luchando por poder volver a confiar en su pareja sin temor a que vuelva a pasar, cuidando que no se interprete la decisión de quedarse y pelear como un símbolo de la ausencia de autorrespeto.

De todas formas es muy bueno saber que ninguna receta puede suplantar las ganas de volver a estar juntos. Ése es el elemento clave que hace que una relación sea potencialmente salvable después de una infidelidad. Cuando hay ganas de estar juntos, el corazón de ambos se rebela ante la posibilidad de una separación definitiva.

Ahora bien, que ésta sea una condición necesaria, de ninguna forma quiere decir que sea suficiente. De hecho y aunque el mejor de los deseos esté presente, no siempre uno puede leer los movimientos del corazón del otro, menos aún cuando la tristeza, el rencor o el temor a la pérdida nublan la mirada. Después de una infidelidad, cuando el ojo de la tormenta pasa y la confusión de sentimientos se estabiliza, tanto uno como otro necesitarán gestos concretos de su compañera o compañero. Muy especialmente aquellos que dejan establecida con claridad la vigencia de la premisa fundamental: que el otro me sigue importando.

Si en una situación como ésta me animo a ponerlo en primera persona y comenzar, como se debe, por lo que yo puedo hacer, en lugar de esperar que sea mi pareja quien haga el primer movimiento, debo comenzar por preguntarme: ¿Qué estoy haciendo y qué más estoy dispuesto a hacer para que mi pareja note lo mucho que me importa?

Esta cuestión es central si tenemos en cuenta que, seguramente, el mensaje que ha dado el que fue infiel es algo así como: «No me importa de ti». Pero no olvidemos que los mensajes que casi siempre venía recibiendo antes de tomar la decisión de buscar en otra persona le llevaron a pensar: «Ya no le importo».

Por otra parte, la lectura del que se entera de la infidelidad del otro debió ser: «No le importa demasiado de mí ni de esta relación si decidió ir con otra persona». Y necesitará mensajes claros que rectifiquen esta impresión. Sin embargo, será difícil poder recibirlos si no es capaz de mostrar en sus dichos y hechos que acepta y desea que el otro se quede.

La dificultad para muchas parejas es que todo esto deberá ser expresado por ambos con autenticidad, con continuidad, con el corazón entre las manos y con cambios de conducta concretos. Pequeños o grandes cambios en la manera de actuar que hagan que uno pueda restablecer la confianza y el otro pueda sentirse tenido en cuenta. El camino es siempre de menor a mayor y la suma de minúsculos gestos cotidianos es la que crea el clima favorable para el reencuentro.

En las parejas, sobre todo si llevan mucho tiempo juntas, sobre todo si han dedicado los últimos años a educar y criar a los hijos, sobre todo si han destinado gran parte de su tiempo a construir una posición económica o una buena carrera, sucede que ambos se han olvidado de lo que la pareja necesita de cada uno. Un ejemplo son esos gestos afectivos cotidianos pero indispensables que sólo son útiles cuando son creíbles y sólo lo son cuando reflejan lo que nuestro corazón quiere expresar. No estaría mal empezar por aprender o recordar aquellos gestos amorosos que toda pareja necesita. Un desafío inevitable en la reconstrucción de cualquier relación después de una crisis.

Tampoco estaría nada mal (y por qué no hacerlo sin necesidad de enfrentarse a una infidelidad), acercarle a mi compañero o compañera una pequeña lista de lo que me gusta, lo que necesito o lo que es importante para mí.

No en plan de exigirlo, sino más bien en plan de actualizarlo, de hacérselo saber, aunque sólo sea para que, si alguna vez quiere darme algo, sepa que éstas son mis apetencias, que éstas son las cosas que yo más aprecio cuando las hace...

Me detuve.

Si yo hiciera mi lista de hoy...

¿Qué querría que Luis supiera, recordara y quisiera darme?

«Necesito que no te ocupes todo el tiempo de tu trabajo, ni siquiera para que nada nos falte, porque en todo caso en ese camino, me faltas tú.

»Necesito que me llames de vez en cuando para no pedirme nada.

»Necesito poder llamarte cuando me hace falta, sin sentir siempre que te estoy interrumpiendo.

»Necesito que me hagas notar que todavía te gusto y que me deseas, aun antes de llegar a la cama o sin llegar a ella.

»Necesito que comprendas mis ganas de estar una pequeña porción de mi tiempo en soledad.

»Necesito saber que me piensas aun cuando no estamos juntos o especialmente en esos momentos...»

Y mientras pensaba en estas cosas, evocaba el texto de aquella genial *Carta de amor que no parece una carta de amor*, que escribió hace tantos años Vivian Lew; y recordaba el poema «Quiero» que aprendí de memoria cuando llegó a mis manos y que uno de mis maestros escribió como homenaje a Virginia Satir.

Pensé entonces que quizá podría incluir como cita alguna de esas dos cosas en el libro. O quizá mejor aún, podría animarme a escribir mi propia versión del «Quiero», una versión quizá un poco pensada para mí y para mi pareja, o tal vez una versión para leer junto al otro.

Abrí el artículo y me animé a escribir:

Quiero aprender a escucharte sin juzgar.

Quiero que me enseñes a hablar de nuestras frustraciones sin reproches.

Quiero que aprendas a confiar en mí sin exigirme.

Quiero enseñarte a ayudarme sin intentar decidir por mí.

Quiero aprender a discutir contigo sin pelear.

Quiero que me enseñes a cuidar de ti sin anularte.

Quiero aprender a mirarte sin proyectar mis problemas en ti.

Quiero enseñarte a abrazarme sin asfixiarme.

Quiero aprender a acercarme sin invadirte.

Quiero que me enseñes a potenciar tus habilidades.

Quiero enseñarte a comprender mis limitaciones.

Quiero... que después de lo aprendido, yo de ti y tú de mí, seamos capaces de elegirnos mutuamente una vez más.

Igual que aquel día, pero mejor... porque hoy,

lo que más quiero es saber que eres feliz cuando estás sin mí

y más feliz aún cuando estamos juntos.

Decidí terminar allí ese capítulo.

Quedaban fuera los otros cambios que a veces se necesitan para que la relación se pueda recomponer después de una aventura extramarital. Pensaba, por ejemplo, que quien ha sido infiel debe alejarse de la persona con la que ha entrado en relación y hacerlo de inmediato, aunque a veces eso implique otros cambios como despedir a una secretaria, dejar de ir a un club o renunciar a alguna actividad. No me pareció necesario entrar en el punto de tamañas dificultades, ya bastante difícil había puesto el desafío.

Me di cuenta de que tampoco había querido entrar a analizar el aspecto nada menor de la herida narcisista que significa la conciencia plena de no haber sido el elegido por la persona elegida.

Ahora, al recordarlo, me parece que no lo incluí porque no quise obligarme a pensar en ello.

Capítulo 6

Habían pasado más de seis meses desde el día de la catástrofe. Unas buenas vacaciones, algunas escapadas de fin de semana como para reencontrarnos, incluso el regreso a Bariloche, donde nos habíamos conocido en una noche mágica de la Fiesta de la Nieve. Pero nada funcionaba para mí. A pesar de las apariencias, nada era igual.

En casa, aunque nos levantábamos como siempre, compartíamos las mismas cosas y hasta hacíamos el amor con más frecuencia, yo sentía que algo se había roto dentro de mí. Recuerdo que alguna de esas noches le dije a Luis que aunque quería, no conseguía reconstruir el espacio en el que él y yo habíamos sido «nosotros». Allí, en ese sitio profundo y quizá involuntario, ahora solamente había quedado espacio para él y para mí. Era la señal de que, a pesar de mis esfuerzos, la herida no terminaba de cerrarse. No es que me sorprendiera la brutal vivencia de estar de duelo, porque después de todo, aunque nadie había muerto, se había terminado una ilusión y estaba viviendo el fracaso de un proyecto al cual había dedicado gran parte de mi vida; me inquietaba en todo caso una sensación de desasosiego que yo nunca había sentido y que se iba extendiendo peligrosamente. Me daba cuenta de que yo, siempre tan segura y decidida, iba perdiendo la confianza en mí misma.

Cientos de interrogantes me invadían a cualquier hora y en cualquier lugar. ¿Qué fue lo que pasó? ¿Cómo sucedió? ¿Dónde quedó lo que había entre Luis y yo, la confianza, el respeto, el cuidado mutuo, el amor? ¿Quién era yo para él si había podido llegar allí sin aviso y después de tanta historia en común? ¿Lo nuestro no representaba nada para Luis? ¿Y dónde estaba yo, que no lo vi venir?

Lo peor era repensar mi lugar en el mundo después de lo sucedido.

Era difícil afirmarme en ese tremedal.

Por momentos, pero sólo por momentos, me sostenía la conciencia de que esos sentimientos y cuestionamientos eran «normales».

Y quizá porque todo era normal, me pasó lo que normalmente se podía esperar. La desconfianza y el escepticismo nihilista desembocaron, como era lógico, en una actitud casi paranoide.

Me sentía amenazada por todo y por todos, y mis viejas inseguridades volvieron a aparecer recurrentes, con singular intensidad. Si no era posible confiar en la persona a la que estaba más unida, ¿en quién podía confiar? De golpe el mundo se fue convirtiendo en un lugar hostil, donde todas las relaciones me parecían pura hipocresía y donde la verdad parecía vivir demasiado lejos de las apariencias.

Recuerdo que por aquella época me sorprendía pensando o diciendo a otros algo que nunca había enunciado antes: «Si uno mira profundamente, muy profundamente a otro, no necesariamente encontrará algo idéntico a lo que veía en la superficie... Y lo peor es que, si sigue mirando, con seguridad encontrará, aunque sea un poco, de todo lo contrario de lo que esa persona aparenta».

—¿Nunca vas a perdonarme? —me dijo una noche Luis.

—¿Qué cosa? —pregunté, sin ironías.

—No me machaques —dijo él—. ¿Nunca me perdonarás haber estado con otra mujer?

—Creo que eso pasará —le dije sintiendo que debía ser sincera—, pero lo que no sé si podré perdonarte es haberme empujado hasta este lugar en el que hoy estoy.

Luis me conocía bien y supo perfectamente lo que me pasaba. Desde el más grande pero no desde el mejor de sus amores, Luis estuvo desde ese día más pendiente de mí que nunca, tratando de complacerme y halagarme cuanto le era posible...

Pero no lo consiguió.

«¿Tengo que quedarme o me tengo que ir?», me preguntaba a mí misma cada mañana en cuanto abría los ojos y cada noche antes de cerrarlos.

Tampoco fue suficiente darme cuenta de que prefería no saber nada, de que pagaría por olvidarlo todo, de que (así llegué a pensarlo) daría una parte de mi vida si con eso consiguiera que nunca hubiera pasado.

Intentaba vanamente recuperar el pasado, jerarquizar lo mejor de nuestra historia juntos y hacer que esos recuerdos desplazaran a los más recientes. Era imposible, la herida estaba abierta y en carne viva, y quizá por eso cada recuerdo hermoso, en lugar de ser un bálsamo, actuaba como un dedo en una llaga y me provocaba un dolor aún mayor...

«A veces es posible recuperar un vínculo y otras no», sentencié para mis adentros. Cada vez que en la consulta alguien me decía que no era capaz de comprender que la respuesta a un mísero episodio indujera a una consecuencia tan estrepitosa, yo solía hacer notar que cuando un cristal se ha resquebrajado, no es el último pequeño golpe el que en verdad lo rompe. Del mismo modo mi pareja con Luis tenía más de una grieta anterior al *affaire*.

Aunque ante él no lo admitiera, su aventura no había sido más que el pequeño golpe que denuncia que el cristal ya estaba dañado. Con o sin infidelidad no podríamos haber seguido de aquella manera demasiado tiempo. A los dos nos habían atrapado la rutina, el tedio, la frustración, el aburrimiento...

Tendría que hablar de eso en algún lugar del libro. El tema era importante y la situación demasiado frecuente.

Esa noche, mientras esperaba que Luis llegara, escribí:

¿Amor mío, tú me aburres o yo me aburro?

Cuando el tiempo pasa, la rutina va tejiendo su telaraña por encima de ciertas parejas y, como sucede en cada rincón olvidado de la casa, si no se quita, la telaraña se acumula, cada vez es más intrincada, cada vez es más densa, cada vez percude más las paredes.

Cuando dos que conviven comienzan a aburrirse, inevitablemente tienden a echar la culpa de su hastío al otro. «Eres un aburrido», dicen. O: «Ya no eres como cuando te conocí», aseguran; y sin embargo con poco que uno lo razone no puede más que darse cuenta de que nadie, salvo quizá uno mismo, puede ser artífice del propio aburrimiento. Nadie, salvo cada uno, puede hacer nada para salir del agobio.

Sometidos a las ansias de progreso, la búsqueda del éxito o la vorágine cotidiana, no nos detenemos demasiado a prestar atención a lo que está sucediendo mientras tanto en la realidad interior de cada quien. Todo ocurre como si en el camino hacia las metas que nos hemos propuesto no hubiera otro remedio que ir perdiendo de vista el alma; y si eso sucede, la vida se vuelve gris y eso termina incluyendo nuestra vida en pareja.

Estamos saturados de proyectos y objetivos que la sociedad elitista o nuestro propio ego nos imponen. Nos queremos convencer de que deberíamos estar contentos ya que, por fin, estamos cerca o hemos conseguido hacer lo que siempre quisimos hacer. Y lo peor es que a veces conseguimos convencernos, y entonces nuestra vida más fresca, divertida y creativa queda postergada, y la cambiamos por el esfuerzo para llegar a cumplir las «loables metas» que no se sabe muy bien quién eligió para nosotros.

Así, las metas se cumplen, pero no nos proporcionan la felicidad que esperábamos. Los logros materiales llegan, pero el aburrimiento aparece igual.

De esta combinación letal sale la falsa conclusión: si tenemos todo para ser felices y no lo somos, lo que no funciona está en otro lado, debe de ser la pareja, sin darnos cuenta de que lo aburrido es la rutinaria vida que llevamos.

No es un asunto fácil.

Cumplir con logros económicos, avanzar laboralmente o escalar en la posición social da cierta satisfacción, pero ese bienestar es superficial.

Es necesario indagar qué nos pasa en lo más profundo de nuestro interior, contestar honestamente si respetamos nuestras necesidades, si somos fieles a nosotros mismos y si «hemos vendido» o no nuestra capacidad de disfrutar de la vida a cambio de una pequeña porción de confort.

Seguramente nos da mucho miedo salir de la coraza protectora de la estructura que hemos creado y que nos ha llevado tanto tiempo y esfuerzo conseguir, especialmente si, de hacerlo, nada nos garantiza un futuro mejor.

Recuperar la libertad, la frescura y la creatividad es la puerta, y pasar por ella requiere, como todo lo que vale, el pago de un precio. El peaje en este caso es la decisión de correr el riesgo y dejar por momentos lo seguro, y atrevernos a vivir cada vez más como queremos.

No fue fácil tomar la decisión de pagar el peaje y mucho menos atreverme a abrir la puerta.

Al principio, Luis no estuvo de acuerdo.

Tenía la certeza de que podíamos lograr salir adelante, después de todo yo era el amor de su vida; y además:

«¿Acaso lo habíamos hecho tan mal los últimos seis meses? ¿No habíamos estado bien y hasta contentos durante las vacaciones?»

«¿Por qué no era capaz de advertir y valorar sus cambios? ¿O es que no había notado lo mucho que se había estado ocupando de mí y de la casa? ¿No había habido incluso más romanticismo en los últimos meses que en los pasados diez años?»

«¿Por qué ahora que todo iba volviendo a la normalidad yo me empecinaba en retroceder?»

Normalidad... Allí estaba el quid de la cuestión.

Era esa «normalidad» la que justamente nos había llevado hasta el precipicio y luego nos había empujado al abismo.

No. Yo no quería volver a la normalidad.

Intenté explicárselo, pero no parecía haber manera de convencerlo. Dolorosamente, la conversación giró hacia el peor de los lugares posibles. Después de tres horas de charla, súplicas y reproches, me puse de pie y traje mi carpeta con las consultas de la revista.

—Quiero leerte una carta que mandó una mujer a la revista en la que escribo. Escucha:

Creo que, en el fondo, mi marido y yo hemos ido perdiendo el auténtico interés que alguna vez sentimos el uno por el otro. Poco a poco todo ha ido perdiendo el viejo sabor. Respecto de los sentimientos, estoy segura de que lo quiero y pienso que también él me tiene cariño, pero nada más. Y no es suficiente. Éste no es el mundo con el que soñé. Me he dado cuenta de que quiero vivir de otra manera. Correcto o no, pretendo para mi vida otras emociones y esto me preocupa...

Cerré la carpeta y seguí hablándole en un tono totalmente diferente del que traía nuestra discusión.

—Así me siento, Luis. Igual que ella. Y por supuesto que sé que no es tu culpa. Lo que me sucede no tiene que ver con que te hayas enredado con otra o con otras.

—No hubo otras —se apresuró a aclarar Luis.

—Es que no importa eso, no me entiendes...

—Claro que importa —dijo por fin—, porque no es justo. Si la situación hubiera sido al revés, yo habría actuado de otra manera.

—La situación no hubiera podido ser la inversa —le aclaré.

—¿Por qué no? Tú misma me contaste hace algunos años lo que te ocurrió con aquel colega tuyo... el del congreso, ¿cómo se llamaba?

—Pedro —contesté.

—Ése.

—No es lo mismo compartir un café que una cama —le aclaré.

—Claro que es lo mismo —dijo Luis, quizá con exceso de vehemencia—. Porque aunque fuera cierto que no hubo más que un café, en la cabeza de ambos estaba rondando una de esas aventurillas que pululan por los pasillos de todos los congresos... Y de hecho, en aquel momento, yo fui mucho más comprensivo y amoroso contigo de lo que ahora tú eres conmigo...

Sabía que no debía caer en la trampa de su comentario de «aunque fuera cierto...», pero dudé sobre si tenía que explicarle por qué no era lo mismo mi fantasía que su acción, que la prueba era que yo lo había compartido con él en lugar de querer ocultarlo, que más allá de todo lo que pudiera pasarme yo había apostado por no poner en riesgo lo que todavía teníamos...

Decidí que ya no tenía ningún sentido esa polémica.

—La razón de separarnos no pasa por que me hayas puesto cuernos —le dije—. Eso me ha dolido, es verdad, pero no es la razón. Pretendo terminar esta pareja porque estoy segura de que no quiero más esa «normalidad» en la que vivíamos y a la que terminaríamos volviendo en un par de meses. Me niego. No quiero estar al lado de alguien sólo para compartir un fracaso eterno y, si quieres creerme, pienso que tampoco tú te mereces un futuro tan pobre. Y tú harás lo que quieras, pero yo prefiero correr el riesgo de disfrutar o padecer, aunque sea en soledad, la vida que yo elija para mí.

—No se puede pedir que, después de tantos años de matrimonio, todo sea como el primer día... —esgrimió Luis, como último argumento.

Allí estaba la principal diferencia entre nosotros. Luis estaba empeñado en creer y quería convencerme de que lo que habíamos construido era lo mejor que se podía pretender a través de los años, «que todo lo desgastan»; yo mientras seguía creyendo que otro tipo de elecciones y vivencias eran todavía posibles. Sentía que era factible y lícito darme una nueva posibilidad de ser completamente feliz o por lo menos de disfrutar genuinamente lo que me quedara de vida, en vez de sentarme serenamente a esperar que llegara, manso, el último de mis días.

—Quizá nos merecemos un nuevo intento —dijo en un tono casi imperceptible. Su voz sonaba cansada y sin convicción.

Y es que a pesar de lo que estaba diciendo, seguramente él también se daba cuenta de que nuestra historia matrimonial llegaba a su fin... No bastaría con las buenas intenciones de ambos para cambiar lo que seguía.

Estaba claro que todo estaba claro....

Y, sin embargo, durante semanas seguimos dándole vueltas al asunto, de cara a decidir la mejor manera, el mejor momento, las mejores palabras para anunciar la decisión a nuestros hijos. Ambos estábamos seguros de que debíamos obrar con toda la sensatez, delicadeza y tacto que fuera posible. No había ninguna urgencia que nos pidiera prisa. Con todo hablado, los dos podíamos esperar el mejor momento.

Finalmente, una mañana, como quien no quiere la cosa, Renata, la más frontal de la familia, decidió no permitirnos más titubeos:

—¿Y? ¿Al final, cuándo os separáis? —preguntó mientras untaba una tostada con mantequilla y sorbía su leche de soja, con aire distraído.

Patricio intentó levantarse resoplando, pero Luis lo detuvo. Evidentemente había llegado el momento de hablar. Nuestros hijos percibían mucho más de lo que nosotros podíamos ocultar.

Esa noche blanqueamos la situación y explicamos a los chicos que en algún momento no demasiado lejano, su padre y yo dejaríamos de vivir juntos. Creíamos que eso era mejor para nosotros dos y por ello lo mejor para todos.

Luis confesó que había alquilado un apartamento cerca de la casa y los invitó a conocerlo aquella semana. Les dijimos, y era la verdad, que su padre y yo no estábamos peleados, pero habíamos decidido vivir en casas distintas. También era nuestra decisión, y así se lo dijimos, que ellos dos se quedaran a vivir conmigo, aunque como en nuestra familia no había ni habría nunca horarios ni días de visita establecidos, queríamos que se sintieran libres de ir y venir a casa de su padre cada vez que quisieran.

Cuando Luis y yo terminamos de hablar, Patricio, quizá sólo en plan de decir por decir algo, preguntó:

—¿Y en tu apartamento, papá, podemos poner un televisor de plasma de los grandes?

Capítulo 7

Cuando le entregué a mi asistente el texto final y corregido de los primeros escritos para el futuro libro le dije:

—Por favor, Sonia, archiva estas notas en una carpeta independiente. Ponle como asunto «Infidelidad y divorcio» y agrégale una etiqueta que diga «Terminado».

—Asunto terminado... —dijo ella, suspicaz, haciendo caso omiso del manuscrito—. Es duro a veces admitir que el esfuerzo y la buena voluntad no alcanzan para recomponer el amor. Lo sé, y lo siento, Irene.

Asentí con esa extraña mezcla de tristeza y alivio que invadía mis días en aquella época y que a veces me hacía dudar de mi cordura.

—Tú tranquila, Sonia —dije casi para simular una firmeza que no tenía—, estoy contenta de mi decisión. Dispongo de mi tiempo, disfruto de mis espacios...

Sonia sólo me miraba.

—De verdad, Sonia. Poco a poco voy recuperando mi vida. Mira si me siento libre, que hasta disfruto de mi soledad.

Ella me sonrió con un toque de complicidad.

Yo sabía que muchos años atrás, cuando nadie se atrevía a divorciarse, ella lo había hecho. Pero comparada con la de ella mi separación era como un juego de niños. En aquel entonces, en contra de todos y de todo, y en respuesta a un marido que decía «tú estás loca, esto es lo que hay y debes aguantarte como me aguanto yo... Y si no te gusta, te vas», Sonia había hecho lo único que pudo. Se fue. Dejando la casa y sin tener adónde ir, se fue. Aceptando que sus hijos se quedaran en un primer momento con el padre, se fue. A pesar de la censura y el reproche de su familia de origen, que tomó partido por el marido, se fue. Con el coraje y el temor de los que dan el paso definitivo hacia su independencia, se fue. Lo hizo, según me contó, como único camino para poder sentirse realmente libre.

Por mi parte, desde aquel sábado en el que Luis hizo sus maletas y se mudó, me sentí mezclada en mis emociones a veces contradictorias. Dolorida, aliviada, asustada, satisfecha, confusa, sorprendida, rara y diferente; todo eso, pero también y sobre todo, libre. Nunca se me había ocurrido pensarlo, pero en ese momento me di cuenta de que esa sensación era absolutamente nueva en mí. En realidad era un tanto preocupante, pero nunca antes me había sentido verdaderamente libre.

De allí venía aquella serenidad casi gozosa que se sobreponía a la tristeza y a veces la opacaba.

Habían sido muchos meses de duda, de evaluación acerca de seguir o terminar. Demasiadas horas de llanto y angustia, de idas y venidas, de esperanzas y decepciones, de recuerdos de tiempos ya idos y de derrumbe de proyectos imposibles. Semanas y semanas de hablar y hablar para volver siempre a ningún lugar.

No lo hacía porque me hubiera impuesto hacerlo, pero todos los días, en algún momento, me sorprendía haciendo la lista del recuento de las ventajas de mi nueva situación:

«Ya no voy a tener más dificultades ni voy a tener que hacer más esfuerzos para que Luis me entienda.»
«Vuelvo a mis cosas. No más peleas ni aburrimiento.»
«No más de ese silencio indiferente que lo abarcaba todo.»
«No más energía gastada en recuperar lo irrecuperable.»
«No más postergación de mis deseos, ni tener que acomodarlos a las necesidades o apetencias de otro.»

Y llegada aquí, me dedicaba a la larga lista de las actividades (algunas desde siempre postergadas) a las que me dedicaría: «Viajes, congresos y conferencias».

«Natación, yoga y Pilates.»

«Dormir hasta tarde los fines de semana, comer en la cama y ver televisión hasta la madrugada cada vez que se me antojara.»

«Teatro, cine, italiano, salidas con amigos, minivacaciones...»

Creo que necesitaba tener a mano esas listas por si acaso me enfrentaba alguna noche con alguno de los demonios del arrepentimiento, que, como solía decirles a mis pacientes, están al acecho, listos para invadir los momentos oscuros que siempre aparecen después de una decisión importante.

O quizá estaban allí para sostenerme si aumentaba el peso del miedo que sentía cada vez que me pasaba por la cabeza la idea de que podía haberme equivocado o por si caía en la trampa de autocompadecerme por «lo que me había pasado».

Me acordé de Fernando. Nuestro amigo Fernando.

Él se había licenciado en la Facultad de Ingeniería con notas destacadas y desde el primer día tuvo decenas de ofertas de trabajo.

Había elegido muy inteligentemente qué propuestas aceptar y cuáles rechazar, por lo que durante años ocupó los puestos más importantes en distintas empresas, hasta que abrió su propia constructora, transformándose él mismo en empresario.

Desde entonces, cada vez que nos encontrábamos él nos contaba siempre lo bien que marchaban sus cosas, pero también nos confiaba esa sensación de incomodidad con su parte laboral que no lograba explicar.

Pero para Luis y para mí, que lo conocíamos desde que teníamos dieciocho años, no era tan difícil entender lo que pasaba. Fernando siempre había tenido otro gran amor vocacional y quizá por eso nunca había puesto demasiada pasión en la ingeniería, ni en la construcción, ni en ganar mucho dinero. A Fer le encantaba la psicología.

Durante años, los que lo queríamos, avalábamos su decisión de estudiar psicología a su aire, dedicándole casi todo su tiempo libre. Era una travesura absolutamente inútil, pero entre todos lo empujábamos a seguir y lo ayudábamos cuando se empantanaba.

Sin embargo, cuando anunció que dejaría la empresa para dedicarse de lleno a licenciarse y ser terapeuta, todos temblamos. Ya no era una simpática resolución de un asunto inconcluso. Era una locura en toda la línea y todos se lo hicimos saber.

A casa de cada uno de nosotros, sus preocupados amigos, llegó una postal que todavía hoy está pinchada en la pared del escritorio. Muestra la fotografía de un paisaje maravilloso y tiene escrito, de su puño y letra, este texto:

Queridos amigos, todos:

A veces lleva años lograr que el interior se exprese. Os escribo esta nota para advertiros, por si no lo sabíais, que su voz jamás renuncia antes de encontrar la forma y el momento de hacerse lugar. La voz interna, la de nuestras pasiones guardadas, siempre está allí, intentando iluminar lo que sucede, sólo es necesario atreverse a escucharla. Gracias por sostenerme todos estos años. Quizá al final resulte un error, pero confiemos en mí, estoy seguro de que también puedo soportar esa posibilidad.

Fernando

Miraba su nota y pensaba en su éxito como terapeuta, y en la posibilidad de un fracaso en mi nuevo camino. Pensaba en aquella famosa frase que avisa de que no hay más riesgo que no arriesgar nunca y que no siempre escuchar la voz de nuestras sensaciones implica virajes tan contundentes como un cambio de profesión, de país o de pareja. La mayoría de las veces es nada más (y nada menos) que una invitación (o una intimación) a enfrentarnos con los «deberías», que surge de lo profundo de nuestro interior y que pretende acercarnos a los lugares en los que más nos gusta estar, realizar acciones que sentimos como auténticas o cultivar más las amistades sinceras y no sólo las de puro compromiso.

No quería, no debía y no podía hacer responsable a mi matrimonio, ni a mis hijos, ni a mi profesión de las tantas veces que en los últimos años me sorprendía privándome de las pequeñas cosas placenteras que estaban a mi alcance. Me doy cuenta de que con demasiada frecuencia gastaba más energía en encontrar un argumento que justificara mi decisión de postergarme que la que ponía en conseguir acceder a lo que deseaba. Me avergonzaba admitir frente a otros (ni hablemos de mis pacientes) lo mucho que disfruto de estar sin hacer nada, el deleite sibarita de meterme en la bañera de agua caliente durante más de una hora o el placer de dedicar casi media mañana a leer el diario del domingo, incluidas las noticias del corazón... (¡Con todo lo que había que hacer... yo allí, perdiendo el tiempo!)

Una tarde le dije a mi paciente Juan Alberto, después de escuchar su larga lista de responsabilidades y compromisos que le impedían disfrutar de la vida:

—Dime, Juan, si mañana o tal vez hoy mismo, el mejor amigo que tienes en el mundo viene a verte, te dice que necesita que lo ayudes, que su vida está en juego y que solamente tú puedes ayudarlo. Si después de contarte lo que le pasa, tú te dieras cuenta de que realmente la única persona que puede salvarlo eres tú, ¿qué harías?

—Tú sabes, porque me conoces, que me pondría a su lado incondicionalmente.

—Me lo imagino —le dije—, pero si para ayudarlo debieras dejar un poco de tu trabajo, delegar algunas responsabilidades y cancelar más de un compromiso... ¿Lo harías también?

—Por supuesto —me contestó Juan Alberto sinceramente.

—Me extraña tanta convicción —le dije para provocarlo—, porque ésa es la situación en la que tú estás. Tu mejor amigo, es decir tú mismo, te está pidiendo que le eches una mano desde hace muchos meses... y se la estás negando...

Yo estaba en ese mismo punto. Aunque reconozco que en aquel momento tenía una pequeña ventaja sobre Juan. El cambio en mi realidad cotidiana que significaba mi separación me daba una excelente excusa para desandar el camino, amigarme conmigo y encarar todas esas actividades que tenía postergadas. No se trataba de sostener una posición infantil, huyendo de toda responsabilidad. Se trataba de armonizar lo que el mundo me ofrecía con lo que yo era. Se trataba de buscar mi lugar, una manera más sintónica de estar en el mundo. Se trataba de internarme en el mundo de una mayor libertad, un río de aguas desconocidas, que no sabía a qué orilla me acercaría.

Como dice Osho: «Antes de abandonar la orilla de la seguridad, en cierto sentido estabas perfectamente. Sólo te faltaba una cosa: la aventura. Y esa carencia te empujó a hacerte a la mar. Siempre emociona adentrarse en lo desconocido. El corazón empieza a latir con fuerza y de pronto estás vivo de nuevo, totalmente vivo».

No pude ser razonable ni mesurada.

Me embarqué de inmediato en un sinnúmero de ocupaciones de todo tipo. Actuaba como si hubiera estado presa durante siglos.

Quería recuperar el tiempo perdido.

Me lancé como un kamikaze a explorar todos los territorios que me habían estado negados durante años, sometida a los horarios y las prioridades de Luis, sus horribles eventos sociales acartonados y sus aburridísimas cenas de negocios, a las cuales «no quedaba bien» que yo no fuera... (¿Cómo lo haría de ahora en adelante? ¿Iría con ella, con la del hotel de Uruguay? ¿O simplemente dejaría de hacer negocios?... Ufff, no importaba, ¿por qué debía importarme?)

De pronto, mi agenda se hizo más frondosa que la de un jefe de Estado.

Salvo el tiempo que dedicaba al consultorio o a los chicos, durante los primeros meses mi vida se transformó en una vorágine incontenible. Porque una cosa traía la otra: el cine llevaba al debate; el teatro, a las cenas de amigos; el yoga, a las jornadas de meditación, y así... Llegaba a casa rendida y me desplomaba en la cama, sin otra idea que dormirme lo más rápido posible y estar descansada al día siguiente para volver a comenzar.

Después de avisarme de que la reposición de *El jardín de los Finzi Contini* se había pasado a las siete y media de la tarde y que entonces se solaparía con la presentación del libro de fotografía, Sonia me dijo:

—Haces de todo para no pensar, ¿verdad?

Sus palabras quedaron flotando en el aire. Yo simulé no acusar el impacto, porque la siguiente paciente estaba por llegar, pero a las seis, después de terminar la consulta, le pedí a Sonia que tomáramos un té y me dijera sin rodeos lo que pensaba.

—Ya te lo he dicho, me parece que no haces más que atiborrarte de compromisos para no detenerte a pensar.

—No tengo nada para pensar, Sonia. Estoy recuperando mi vida. Siento que por fin puedo volver a ser yo misma, elegir lo que hago, adónde voy, con quién. Es natural que busque vivir después de tanto tiempo, ¿no?

—No —me señaló con una sequedad que me dejó pasmada.

—¿No?

—No. De esa manera no, Irene.

—Por favor, Sonia, ¿qué pretendes, que me quede encerrada en mi casa como una viuda octogenaria, tejiendo calceta? No quiero quedarme quieta viendo la vida por la ventana.

—Una cosa es ser inquieta y otra es aturdirte. ¿No eras tú la que decía que quería más tiempo para sí, para estar tranquila?

—¿Y eso qué tiene que ver? Ya no es lo mismo, ahora los compromisos los elijo yo. La poca gente que frecuentábamos Luis y yo me aburría. Mi matrimonio era agobiante. Quiero vivir lo que no pude todos estos años.

Sonia me miró de arriba abajo con un gesto de incredulidad y me preguntó:

—Sin embargo, por la cara que te veo, no parece que te diviertas demasiado. Vas y vienes, entras y sales, no paras, pero la satisfacción no se te ve, Irene. ¿No te has preguntado por qué necesitas llenarte de actividades? ¿No será que precisas cansarte, agotarte, porque el vacío que sentías sigue estando?

—No puedo creer lo que escucho —la frené; aunque siempre era una mujer sin rodeos, me pareció que estaba llegando demasiado lejos.

—Pero deberías —sentenció al tiempo que abría uno de los ficheros y revisaba las carpetas archivadas. Cuando encontró la que buscaba, la colocó con ímpetu sobre mi escritorio.

—Toma, aquí tienes uno de los esbozos que hiciste para el libro, antes de dedicarte de lleno al tema de la infidelidad. ¿Te acuerdas? A lo mejor sirve para que refresques tu memoria.

Solamente cuando recuperamos la libertad de decidir, cuando nos acercamos a nuestro verdadero sentir, descubrimos nuestros aspectos creativos y podemos animarnos a hacer lo que deseamos.

Antes de mirar a nuestro alrededor y endilgarle al entorno la pesada carga de nuestro hastío, necesitamos observar los demás aspectos de nuestra vida, para que cuando lleguemos al final del camino no tengamos que coincidir con la frase de Jorge Luis Borges cuando decía: «He cometido el peor de los pecados que un hombre puede cometer. No he sido feliz».

En cuanto terminé de leer, abrí la agenda y revisé cada día de mi semana. Sonia había elegido muy bien el término: atiborrada, así estaba mi agenda. En los tres días que seguían no era posible encontrar ni quince minutos donde intercalar algo para hacer. ¿Tan acostumbrada a vivir atrapada estaba que no podía relajarme y ser libremente? ¿Tan asfixiada como para necesitar la continuidad de la sofocación? ¿Y quién había sido mi carcelero? ¿Luis? ¿Mi matrimonio? ¿Yo misma? ¿Dónde estaba aquella adolescente concentrada en la pintura y en el dibujo, llena de paciencia que iba trazo a trazo, día a día, sin apremios, logrando concluir cada obra? ¿Qué había sido de aquella Irene, cuya tranquilidad solía tomarse por pereza dentro de una familia para la que el movimiento era signo de laboriosidad? ¿Quedaba algo de ella todavía? Volví a revisar la agenda y esta vez me detuve minuciosamente en cada anotación. Era casi una locura. Claramente un escape hacia el torbellino.

No detenerme, no dejar que el tiempo se volviera tedioso, esconder mi nueva soledad detrás de esa especie de promiscuidad de la vida social un poco indiscriminada, mucho que hacer para no tener tiempo de pensar...

Quizá Sonia tenía razón...

Taché el cine de las siete y media y decidí ir a la presentación del libro de fotografía. Y no porque no pudiera tachar ambas cosas y simplemente regresar a casa y pensar. En absoluto. Me había dado cuenta de que la gran ausente de mi agenda era la pintura y no era sólo un olvido. No hacía falta que Sonia me lo recordara, aunque yo estaba actuando como si lo hubiese olvidado, lo que más me gustaba hacer en la vida era dibujar y pintar.

Lo había dejado todo cuando me casé, cuando me quedé embarazada, cuando nacieron lo niños, cuando me volví una terapeuta reconocida. Mis «nuevos amores» me hicieron olvidar la pintura, mi primer amor.

Era hora de regresar, especialmente con la conciencia de que, a veces, regresar es la única forma de poder avanzar.

Fotografía no era igual que pintura, pero al menos se le parecía en el hecho de buscar la estética y encontrar el arte en lo visual, en la forma, en el color. Así que fui. Creo que aquella noche, sintiendo lo que sentía, necesitaba no estar tan lejos del amor.

Capítulo 8

Como correspondía a un libro con escasas palabras, la presentación se parecía más a una breve exposición de fotografías que a la tradicional enumeración de las virtudes del texto o del autor por parte de sus allegados, reconocidos o no. Esta vez, muy creativamente, algunas páginas seleccionadas hablaban por sí mismas, convertidas en magníficas gigantografías. Si el título *Plano inclinado* había llamado mi atención, lo que vi me asombró aún más. Decenas de escaleras aparecían fotografiadas desde todos los ángulos y perspectivas; las había de todo tipo: modernas, antiguas, de piedra, de vidrio, sin fin, de caracol, de pintor, enclavadas en montañas, de ultratumba, quebradas, gastadas, relucientes, de altillos, de sótanos, de madera, de metal, de bomberos, de minas, con gente, con pies, vacías, abandonadas, llenas de brazos, sólo con rostros...

La muestra impresionaba no sólo por la omnipresencia de ese elemento a través de la historia de la humanidad, algo que a la mayoría nos suele pasar inadvertido, sino por las infinitas connotaciones que el fotógrafo, Roberto Andrade, había logrado darle. Símbolo de búsqueda, de ascensión y de descenso, de crueldad, de salvación, de misterio, de huida y de encierro, las imágenes contaban mínimas historias en sí mismas y una extensa narración a construir. Presa de la fascinación que siempre me produce el talento, pensaba que desde aquellos incontables peldaños se podía subir, bajar, escapar, volver, girar en el mismo sitio, llegar muy alto y después, como en la vida, no ir a ninguna parte.

Recorrí al menos cinco veces la muestra, deteniéndome en cada una de las fotografías que, como en estado de gracia, lograba interpelarme en lo más profundo. Las escaleras, con sus subidas y descensos inesperados, iban acompasando mis pensamientos, meciendo algo adormecido dentro de mí.

Aquellas imágenes eran más que simples fotografías, tenían una potencia casi perturbadora...

Y de pronto, después de pasar a su lado sin verla, me topé con la inmensa fotografía de la escalinata de la Facultad de Derecho de la ciudad de Buenos Aires.

Era un mural enorme, que mostraba en todo su esplendor intimidante aquella escalera de piedra que tantas veces había subido en mi primera juventud, cuando recién salida del instituto estaba dispuesta (o resignada) a seguir la tradición familiar.

No me lo reprocho, después de todo, ése era el camino «lógico». El despacho, los clientes, el apellido, todo estaba dispuesto primero para Silvana, luego para mí y después para mis primos, incluido un registro de escribanía que tendría disponible cuando me licenciara, si decidía dedicarme a la notaría. Podría jurar que estudiaba con tesón y sin embargo los resultados no lo reflejaban. No había manera, no conseguía que el derecho lograra siquiera interesarme. Seguramente para mitigar mi disgusto ingresé paralelamente en Filosofía y Letras. Con un poco de recelo, mi familia renunció a boicotearme tan sólo porque declaré que me interesaba la filosofía del derecho y aseguré que aquello me permitiría tener una perspectiva mejor del rol que me tocaría asumir al licenciarme.

En Argentina no había cupos y cualquiera podía presentarse a los exámenes que le permitieran ingresar en las carreras que deseara y yo, aprovechándome de esa posibilidad, después de aprobar mi segundo examen de ingreso, me apunté en materias que correspondían a tres carreras: Filosofía, Historia del Arte y Psicología. Tres enfoques que me fascinaban por igual.

Durante los siguientes cuatro años mantuve esa «esquizofrenia estudiantil» viajando de una universidad a otra, dedicándole, paradójicamente, más horas a lo que menos me interesaba y menos horas a lo que realmente me gustaba. Creo que lo pude soportar solamente porque estaba convencida de que aprobar las cada vez más tediosas materias de derecho era la única manera de no tener que enfrentarme con la crítica o con la franca oposición familiar.

Una tarde en clase de Psicología Laboral, la docente citó aquella frase de Barry Stevens: «Aquel que trabaja en lo que no quiere siempre se siente mal pagado». Por alguna razón que no tardaría en desvelarse, sentí como nunca que esa sentencia podía aplicárseme a la perfección. Para mí, estudiar derecho era un trabajo forzado y por supuesto el rédito era siempre poco. Rehice para mí misma la frase de Stevens, que después tantas veces usé en mi consultorio: «Para el que hace lo que no le gusta, los resultados nunca serán completamente satisfactorios».

Terminé de darme cuenta de eso una mañana de diciembre cuando me dirigía al examen final de Derecho Procesal II. Había estudiado con vehemencia y dedicación casi exclusiva durante tres meses, estaba segura de saber la materia como para aprobarla holgadamente, pero al llegar a la entrada del imponente edificio, simplemente no pude entrar. En aquella escalinata de la Facultad de Derecho sentí que mis pies se volvían de plomo, me fue imposible subir un solo escalón. Aquella sensación fue más fuerte que toda la voluntad que pudiera poner al servicio de no defraudar a mis padres. En el camino a casa, mi corazón bombeaba con fuerza, como sabiendo que había llegado la hora de enfrentarme a la verdad y tomar el camino de lo que yo ya sabía que era la profesión de mi vida.

Cuando en casa se enteraron de mi decisión, el enojo y la desilusión de mis padres parecía no tener límites. Me decían de mil maneras: «Es una locura... Has hecho más de tres años... Falta tan poco...». Se callaban lo que de todas maneras conseguían hacerme saber: «Estamos muy defraudados... Apostábamos por ti... Mira a tu hermana...». Y agregaban con muy poca sutileza toda suerte de presiones.

Fue un momento muy duro y solitario. Y aunque hoy sé que no estaba equivocada, en aquel momento la duda monopolizaba mi pensamiento: «¿Habré hecho bien o será una locura, como todos dicen?».

Aquella escalera de piedra, ese plano inclinado que decidí no subir aquel día y que hoy aparecía agigantado frente a mis ojos, de alguna forma había transformado mi vida para siempre.

Esa cuesta inexpugnable me había obligado a replantearme los mandatos recibidos, me había ayudado a escuchar mi voz interior, me había confrontado con mis verdaderos deseos.

Y entonces me di cuenta de que las asociaciones ciertamente nunca son gratuitas y mucho menos en vano. De hecho, en aquel momento mi cuerpo me estaba diciendo cosas muy emparentadas. También entonces necesitaba decirle que no a la tiranía de lo que corresponde, negarme una vez más a subir la escalinata de lo que se debe, oponerme a seguir haciendo, pensando o diciendo solamente lo que está bien hacer, pensar y decir. Si en aquel entonces había podido superar el peso de las palabras y los condicionamientos de los mandatos familiares, ¿qué podía impedírmelo ahora?

—Irene Iturralde, ¿verdad? —la voz masculina aunque tersa me rescató de mi ensoñación. Un hombre de mediana edad, atractivo e impecablemente vestido me tendió la mano—. Encantado de conocerla personalmente, soy Nicolás Mendigur.

Aunque su imagen me era completamente desconocida, su nombre me era más que familiar. Rebobiné mis archivos con rapidez. Era obvio que él me conocía. No era un paciente. Tampoco un amigo de Luis. No parecía psicólogo ni médico. Pertenecía al mundo de las letras o de las editoriales...

¡Claro! Trabajaba en la Editorial Pacífico, la que publicaba la revista *Nueva Mirada*. De allí conocía su nombre y de hecho por esa conexión me habían invitado al evento. Pacífico era el sello editorial del libro que allí se presentaba.

—Encantada —le respondí—. Lo felicito por la muestra y por el libro, todo parece sumamente interesante.

—Lo es, sin duda. Andrade tiene un gran talento. Lo único que lamento es que hemos tenido que hacer la muestra sin su presencia... Como siempre, Andrade está de viaje fotografiando el mundo.

—De todos modos, sus imágenes hablan por él con elocuencia —le respondí.

—Leo habitualmente su columna —dijo cambiando bruscamente de tema, mientras me alcanzaba una copa de champán—. Realmente me parece muy interesante su posición y más que atractiva su manera de decir lo que piensa.

—Muchas gracias —respondí halagada.

—En serio —insistió con una sonrisa que por algún motivo inexplicable me erizó la piel—. Justamente por eso...

Hizo una breve pausa, en la cual no pude evitar la sensación de que lo que seguía era el verdadero motivo de haberme invitado...

—Sé que ya le han acercado nuestra propuesta para publicar con nosotros un libro que fuera una especie de antología de su pensamiento respecto de las parejas. Quiero que sepa que fue una idea mía. Estoy seguro de que será muy útil a muchos... y un éxito en ventas.

Allí estaba la confirmación de mi sospecha... Aunque mi previsión no evitó la sorpresa.

—Aún lo estoy pesando —le dije. Aunque ya tuviera bastante material, aún no me sentía preparada para un sí definitivo.

Si era sincera conmigo misma, su voz y sus gestos, su sonrisa y hasta su perfume habían logrado perturbarme.

—Me gustaría que aceptara. En serio —sugirió él—. ¿Qué le parece si nos vemos durante la semana y lo conversamos más en extenso? Creo que si le muestro nuestros planes de lanzamiento puedo convencerla para que acepte la propuesta sin dudar. ¿Tal vez podría pasar por mi oficina, digamos, el miércoles o jueves que viene?

—No sé... —volví a repetir como una autómata.

No era una actitud inteligente, sobre todo hacia un directivo de la editorial de mi revista; pero no había caso, no me venía a la mente ni una idea ni media palabra.

A falta de sonidos y en un burdo intento de que Mendigur no descartara de plano su propuesta antes de que yo pudiera contestarle, sonreí gentilmente, como para darle a entender que por lo menos me agradaba la idea, y deseando que no se notara demasiado que las dos posibilidades me habían parecido interesantes, la del libro y la de volver a verlo.

Intercambiamos algunas palabras más que no recuerdo y desapareció como había llegado, dejándome nuevamente en el éxtasis de la contemplación de la escalera de piedra de la Facultad de Derecho.

Cuando regresé a casa, eran ya las nueve.

Mis hijos no habían regresado todavía.

Con tranquilidad, preparé la cena, puse la mesa y luego fui a encender el ordenador.

Era temprano, podría sentarme a escribir un poco antes de la comida.

Creía que era suficiente lo dicho respecto del ciclo de la infidelidad y también del proceso de separación. Y aunque sabía que esa creencia quizá tuviera que ver más con mi propia vivencia que con una objetiva evaluación de lo que era suficiente decir, no iba a reprochármelo.

Era consciente de estar usando lo que me ocurría como disparador y medida: pero según yo lo veía, eso no tenía nada de malo. En general mis estados anímicos nunca eran demasiado diferentes de los de algunos lectores que llegaban a mis palabras con hechos similares desarrollándose en sus vidas. De tal modo, continuar por el mismo camino parecía lo más adecuado y tomar como tema central lo que me había pasado esa tarde, lo más sensato.

Sí. Los sueños perdidos. El rescate del adolescente que fuimos, del niño espontáneo que duerme en nosotros. Por allí debía pasar, sin duda, la respuesta a mis interrogantes de ese día, la salida de mi agenda atiborrada, el olvido de mi esencia y el impacto de la exposición y de aquella fotografía...

Escribí:

Alguna vez, especialmente cuando niños, hemos podido entrar en contacto con aquello que realmente nos gustaba. Contábamos con nuestra ingenuidad, confianza, optimismo, nuestra sensación de ser únicos, amorosos, valiosos. Pero a medida que recibimos «educación» vamos centrando nuestro esfuerzo en ser lógicos, serios, coherentes, en no hacer locuras, como una manera de acercarnos a «lo que corresponde», y solemos ir perdiendo de vista lo que realmente nos gusta, lo que realmente nos hace bien.

Es así que muchas veces obtenemos lo que supuestamente queríamos, podemos exhibir nuestros logros y, sin embargo, en lo más profundo de nuestro interior asoma cierta desazón: las metas alcanzadas no nos traen todo el bienestar interno que esperábamos. Algo se nos perdió en el camino.

Y si queremos sentirnos plenos, entonces necesitamos recuperar lo perdido, mirar hacia adentro y volver a ponernos en contacto con la sabiduría de ese niño espontáneo que sabía tener en cuenta todos sus deseos y emociones, que sabía darle cabida a sus partes más «locas», que van quedando sepultadas cuando nos empeñamos en buscar aprobación.

Desde niños buscamos la aceptación de quienes nos rodean. En un principio la buscamos en nuestros padres. Ellos son nuestro espejo. Nos guiamos por la imagen que nos devuelven de quienes somos. Buscamos ser aprobados. Vamos aprendiendo, sin darnos cuenta, a escrutar cada gesto, cada mirada, cada actitud, para percibir «qué está bien» y «qué está mal».

Está bien, por ejemplo, «llevarse bien con todo el mundo»; está mal, por supuesto, «enfadarse, tener un berrinche o alzar la voz». Descubrimos tempranamente «lo bueno» de reprimir nuestra ira dejando de escuchar la voz de nuestra frustración. Hemos aprendido que «lo que corresponde» es ser agradables, simpáticos, y «lo malo» es ser espontáneos cuando eso nos aleje de la cortesía y el don de gentes, es decir: siempre. Este juicio se instala en nosotros como una «verdad» y vamos perdiendo la capacidad de escuchar nuestra queja, nuestro fastidio, nuestro enojo, hasta que quizá algún día, apreciados por todos, no tengamos disponible el enojo, ni siquiera cuando nos corresponda enojarnos.

No se trata de emprender un juicio universal contra nuestros padres (ellos también son producto de la formación que recibieron y no pueden dar lo que no tienen), se trata de comenzar a cuestionar las «verdades absolutas» que nos vienen desde afuera y que nos van indicando el supuesto camino del «éxito».

Luego, la sociedad en su conjunto nos sigue instruyendo acerca de «verdades» y «caminos» para llegar a la felicidad.

No nos damos cuenta de que estamos totalmente condicionados por ideas de «lo que debe ser» y a las que damos categoría de verdad. Se trata de imposiciones que fueron desplazando a aquellas sensaciones y necesidades originales de aquel niño espontáneo que las encapsuló, las congeló por «malas» o «locas» y hoy estamos pagando el precio, porque aún siguen siendo auténticas necesidades insatisfechas. Hay voces, síntomas, sensaciones corporales que pugnan por expresarse, pero no tenemos entrenamiento para escucharlos, o quizá nos dé miedo hacerlo.

Es muy bonito escuchar este planteamiento, pero ¿cómo rescatar nuestras auténticas necesidades insatisfechas? ¿Cómo escuchar esa voz interna? ¿Cómo dar lugar a las sensaciones?

En nuestro interior anidan dos voces. Por un lado, la de lo aprendido, la de «los deberías», la del razonamiento y la lógica y, por otro lado, la voz de las sensaciones, la que surge de nuestras entrañas, que se expresa sutil, pero contundentemente, en especial a través del cuerpo: un nudo en el estómago, en el pecho o en la garganta, tensión en la espalda, opresión, ahogo... Es habitual escuchar en el consultorio a personas «exitosas» que dicen: «He logrado todo lo que quería, sin embargo no soy feliz». Esto que parece un lugar común se convierte en dolor cuando a cada cual le toca experimentarlo en carne propia.

Es difícil, y a veces doloroso o costoso, escuchar esa voz sutil, por eso la acallamos. No tenemos una educación que valide las sensaciones, porque no siempre disponemos de una explicación para lo que sentimos; y si no existe explicación lógica, entonces no nos permitimos sentir lo que sentimos. Estamos tan entrenados en no sentir que cuando, por ejemplo, le pregunto a un paciente qué está sintiendo en el momento, me contesta: «Normal, nada». Es un lenguaje desconocido, cuesta muchísimo conectar aunque sólo sea con la elemental sensación de una pierna apoyada sobre la otra. Es curioso que, en el recientemente trágico tsunami del sudeste asiático, no hubiera animales muertos. Justamente su instinto, sus sensaciones, los alejaron del peligro. Por eso se hace necesario reaprender lo que alguna vez fue natural, lo que como niños hacíamos espontáneamente: percibir el lenguaje de las sensaciones en nuestro cuerpo.

Y entonces recordé aquel ejercicio que mi terapeuta me proponía y que yo vivía postergando.

Se trataba de evocar la época de los tebeos y los dibujos animados.

¿Quién era en aquel momento nuestro héroe favorito, el personaje que más admirábamos?

Entrando de su mano en el recuerdo de ese niño o niña que fuimos, en aquel entonces ¿cuáles eran nuestras mejores cualidades? ¿Qué cosas apreciábamos exageradamente y cuáles no nos interesaban en absoluto? ¿Qué actividad nos hacía más felices?

Es evidente que uno conserva aún hoy cierta cuota de placer postergado, aferrado a lo que lo gratificaba entonces y que hoy permanece oculto, o mejor dicho, escondido.

No necesité hacer el ejercicio que me proponía. Lo que había escrito al pensar en mi niñez y adolescencia había sido catarsis suficiente.

Salí del procesador de texto y me sumergí de inmediato en Internet en busca de talleres de dibujo y pintura. Navegando, encontré uno que se ofrecía en el instituto fundado por mi primera maestra de pintura, convertida desde entonces en una reconocida artista y una buscada docente. ¿Daría las clases ella misma todavía?

Estaba anotando los números para llamarla al día siguiente, cuando un *beep* me avisó de que había entrado un correo electrónico.

Era de la editorial, así que, un poco extrañada, lo abrí de inmediato. En general se comunicaban conmigo a través del buzón que abría Sonia, pero, en fin, tal vez hubiera algún cambio para la entrega de la columna.

No era así. Las iniciales «NM» delante de Pacífico no correspondían a *Nueva Mirada* como supuse, sino a Nicolás Mendigur, que me pedía disculpas por haber averiguado mi dirección de correo, pero se atrevía a escribirme para insistir en que considerara su propuesta y nos encontráramos para charlar sobre ella.

En el espacio virtual, sin su presencia perturbadora, la decisión de aceptar su invitación hubiera sido fácil, pero creo que preferí correr el riesgo y, si todo salía como yo pensaba, regalarme el placer de su insistencia.

Hice clic en «Responder» y contesté:

Nicolás, tal como te dije, estoy un poco liada con algunas cosas, pero te prometo que en cuanto las termine de arreglar nos veremos. Gracias por todo.

Capítulo 9

Sobrellevar una separación siempre, siempre es difícil. Lidiar con las propias angustias e incertidumbres, tratar de calmar las de los hijos (especialmente si son adolescentes), reconstruir una mínima rutina más o menos operativa y, en fin, hacer lo posible para no quedarse fuera del mundo enfrentándose a las dificultades al menos dignamente.

Y hoy creo, por experiencia, que cuando todo esto le sucede a una mujer de más de cuarenta años, la dificultad se vuelve una odisea.

Ahí estaba yo, haciendo lo que podía, lo mejor que podía; con Patricio más monosilábico que nunca, si es que eso era posible, encerrado con su música, conectado a Internet como un bebé a la teta, sin mucha más comunicación que un «hola-adiós» y un beso que cada vez más era mi exclusiva responsabilidad. Literalmente tenía que arrancárselo si quería recibirlo de él, porque ya quedaba claro que, a esas alturas, «besar a mamá» no le gustaba nada, pero nada de nada. Renata, en cambio, interpretaba en aquellos tiempos un rol completamente diferente y de alguna manera inesperado. Ella «se hacía la superada», la que estaba de vuelta. Con la ventaja que le daba, según su propia explicación, ser la última de su grupo en vivir la separación de sus padres, pretendía todo el tiempo hacernos creer a los demás que ella lo tenía muy claro, que nada de lo sucedido la afectaba porque después de todo «no tenía que ver con ella», y que éste era un episodio inevitable en la vida de cualquier adolescente del entorno socioeconómico al que nosotros pertenecíamos...

Por supuesto que yo me daba cuenta, más por madre que por terapeuta, de que detrás de tanta autonomía, independencia de criterio y hasta indiferencia, había mar de fondo. Un fondo del que las cosas más desagradables podían emerger en cualquier momento, y para las que debía estar preparada, además de andar con pies de plomo, para no producir la inevitable eclosión antes de tiempo.

Estaba clarísimo que no era el momento de que yo apareciera acompañada de otro hombre diciendo con una gran sonrisa: «Éste es mi amigo Fulano». Y si bien no había habido nada entre nosotros (más que aquel encuentro en la muestra de Andrade), yo, aunque desacostumbrada, podía reconocer todavía con claridad las señales de mi cuerpo: la piel erizada, una pequeña perturbación instantánea, un breve pero intenso cambio en el ritmo de las pulsaciones al pensar en el encuentro... Éstas eran siempre señales inequívocas por lo menos de una fuerte atracción.

Lo cierto es que fui posponiendo sutilmente mi reunión de trabajo con Nicolás Mendigur. Un encuentro sobre esa base, por más marco profesional que quisiera darle, haría que otra situación fuera posible. Y por lo dicho, yo no tenía ninguna intención de romper el delicado equilibrio por el que transitaba lo cotidiano.

Cuando finalmente no tuve más remedio que contestar a una de sus llamadas para concretar una fecha, no fui tan tonta como para negarme de lleno, pero utilicé ese antiguo código que todos los hombres comprenden, el de un «no» que presume un «sí». Le dije que me encantaría sentarme a charlar con él, pero que acababa de separarme y que por lo tanto no era para mí un buen momento como para encarar un nuevo compromiso. Estaba claro que yo me refería al libro que me había propuesto, pero también que en el aire quedaba flotando un «algo» más que profesional entre los dos, del que nunca hablamos pero que estaba implícito.

Por supuesto, Nicolás entendió a la perfección el doble sentido del diálogo y avaló tanto mi ambivalencia como mi necesidad de tiempo. Con el tono de voz y la claridad que sólo tiene quien sabe que lleva la partida casi ganada, se limitó a decir: «Comprendo... Lo que menos quiero es traerte problemas. Tienes mi número. Cuando tú quieras me llamas. Ojalá sea pronto...».

Yo me quedé con el teléfono en la mano, esperando el clic del corte de la comunicación, mientras pensaba en todo lo que debía hacer aprovechando este *impasse* que la vida me regalaba.

Lo segundo posiblemente sería recuperar mi relación con el arte y la pintura, pero lo primero era recuperarme a mí...

Debía trabajar conmigo interior y exteriormente para dar por terminada mi pareja con Luis.

Hacer una verdadera despedida.

El adiós definitivo que me debía y del que me había estado escabullendo, sumergiéndome hacia afuera en múltiples actividades y hacia adentro en la tentación de los reproches, en la negación del dolor y hasta en el odio ilógico que parecía invitarme a que simplemente pasara de página y recortara de mi vida la figura de Luis para tirarla a la basura.

Porque dar por finalizada una relación de pareja o un matrimonio y separarse físicamente es sólo la cara visible de un divorcio. Hacer que nuestra alma se despida *de lo que fue* y de *lo que no fue pero podría haber sido* implica mucho más y suele ser el rostro desatendido de este tema.

Como alguna vez le había dicho a Estela, mi paciente: «Si la despedida del alma no ocurre, si no consigues "soltar" a la persona de la que te separas, nada puede volver a funcionar debidamente. Podrías por supuesto acercarte a otro hombre y disfrutar de su compañía, podrías incluso enamorarte y hasta decidir construir una nueva pareja, pero por mucho que lo esperes y lo desees, hasta que no te despegues del vínculo anterior, difícilmente encontrará tu corazón las condiciones para abrirse al verdadero amor».

Sólo después de dos años de su ruptura matrimonial, ella había comenzado a cuestionarse su soledad. Siempre recordábamos sus sesiones de los primeros tiempos después de su separación... «Esto no da para más —decía Estela sesión tras sesión—, necesito rehacer mi vida, olvidarme de él, dejar de sufrir. Desde ahora, borrón y cuenta nueva. Quiero dar este paso y empezar ya mismo una vida diferente.»

Era evidente que detrás de esas palabras estaba la fantasía de que abandonar la convivencia era como una mudanza, como una fiesta de graduación o como un «RE-nacimiento». En realidad en ese momento Estela sólo empezaba a escribir el que en todo caso sería el último capítulo de una importante parte de su vida.

Y esto se debe a que la distancia física es una parte importante del proceso de una separación, pero no es la única. Con frecuencia no es la más difícil y por supuesto nunca es el principio del fin. Todo comienza mucho antes y termina mucho después de la decisión de no convivir. Empieza a gestarse cuando el terreno de la pareja se vuelve árido y cuesta arriba, cuando la magia se pierde y no hay manera de recrearla. Se instala cuando los dos perciben que la relación lastima y la vida en común sólo trae complicaciones, sufrimiento o tedio. Y entonces, siempre, al darnos cuenta de que algo se ha roto, caemos en el error de creer que la separación podrá por sí misma darnos finalmente lo que tanto necesitamos.

Pero una separación no es un acto reparador y mágico, sino un camino a veces doloroso que es preciso recorrer antes, durante y después del final de un vínculo, tanto más si la relación ha sido importante para nuestro corazón y trascendente en nuestra vida.

Con demasiada frecuencia, como en el caso de Estela, sucede todo lo contrario; el minuto siguiente a una separación cohabita con todas esas dificultades y complicaciones en las que no pensábamos un minuto antes y que traen a nuestra mente la idea de que deberíamos ocuparnos de rescatar esa relación, de que es posible comenzar ya mismo, de que siempre podríamos construir una pareja distinta con la misma persona.

Es cierto que otras veces, como me había pasado a mí, la persona que se separa comienza por experimentar, al principio, una fascinante sensación de libertad y la apertura a un mundo de infinitas posibilidades antes vedadas. Pero luego, más tarde o más temprano, algo sucede y la historia de lo vivido y compartido vuelve a pesar otra vez.

Cuántas veces tuve que disimular una sonrisa frente a esos hombres y mujeres que en proceso de divorcio llegaban a mi consulta o a la de otros colegas diciendo algo parecido a «quiero que me lo quite de la cabeza», como si la ayuda consistiera en abrir el cráneo y «extirpar» la imagen, las emociones o el recuerdo de la antigua pareja para que el consultante pueda rehacer su vida. Cuántas veces me reí a solas imaginándome a mí misma vestida de cirujana, con botas, bata y mascarilla quirúrgica y en lugar de bisturí, un enorme desatascador en la mano.

Abordar la separación con esta mentalidad «quirúrgica» alimenta una expectativa que sólo trae desilusión. En el alma no existe el olvido. Dicho de otra manera, nada, por desagradable o doloroso que sea, se puede borrar voluntariamente ni extirpar como haríamos con un apéndice gangrenado.

Como siempre nos decía Jorge Bucay en los grupos de entrenamiento: «Uno puede amputarse una pierna para que no le recuerde los lugares que pisó, pero después de hacerlo el recuerdo vendrá, de la mano de la presencia de esa ausencia». Para él, un vínculo íntimo como el de la pareja, pensado en origen para ser eterno, muy difícilmente se termina del todo, y nunca cuando hay hijos. Yo no sé si es así, pero estoy segura de que, si uno quiere reabrirse al amor, deberá dedicar mucho tiempo y atención al proceso para lograr que la relación que terminó quede inscrita lo mejor posible en su interior.

Es casi sencillo comprenderlo en teoría, pero siempre se hace difícil ponerlo en práctica. Primero, porque para eso ambos tienen que estar de acuerdo y en general dos que se han separado creen, prejuiciosamente, que no pueden ni podrán estar de acuerdo en nada, nunca más. «Si creyera que puedo ponerme de acuerdo respecto de esto con mi mujer, nunca me habría separado», me decía irónicamente Marcelo, uno de mis pacientes. Y lo creía a pie juntillas.

Segundo, porque desde todas partes, los que se enteran de la separación se apresuran a enviar mensajes «de ayuda» («salvavidas de plomo», digo yo). Empiezan palmeando «funerariamente» la espalda del recién separado, siguen diciéndole «que hay que pasar página», que su matrimonio «ya se acabó» o que debe asumirlo de una vez y terminan instándolo a «rehacer» su vida lo antes posible...

Menudos consejos...

Lo cierto es que después de una separación —en especial si fue tormentosa— quedan guardados sentimientos que necesitan expresarse.

Primero por el dolor de sentirnos injustamente maltratados, humillados, engañados o abandonados. Después porque el enfado reprimido (la mayoría de las veces en el intento de evitar el divorcio) nos ha dejado varados en el lugar de víctima «involuntaria» de las acciones del otro, generando paradójicamente un resentimiento que si no se resuelve se transformará en rencor. Y en última instancia porque siempre nos cuesta dejar lo que amamos y casi preferimos aborrecerlo, en la sospecha de que así se hará más fácil la partida.

Entonces, doloridos, lastimados y llenos de odio, buscamos sosiego por el camino equivocado: queremos vengarnos, hacerlo sufrir y, por supuesto, antes, después o durante, borrar a quien fue nuestra pareja del mapa de nuestra vida.

«Para mí, de ahora en adelante, no existe», decía Estela, sin advertir que el ex marido formaba parte indisoluble de su historia pasada.

«Para mí es como si hubiera muerto», me encontré afirmando yo misma un día, por teléfono, hablando con Sonia. Furiosa, infantil, ingenua. Como si no supiera que Luis era el padre de mis hijos y que lo seguiría siendo de por vida. Como si no fuera el hombre con el que había vivido, dormido, comido y, sobre todo, junto a quien había despertado cada mañana durante más de veinte años. Los silencios de Sonia siempre son, para mí, tan significativos como sus palabras. Y cuando Sonia no contestó, mi frase retumbó en mi cabeza y me di cuenta de que estaba equivocando el camino. Ciertamente, si no conseguía superar ese tipo de sentimientos me quedaría anclada al enfado y Luis, al que supuestamente quería olvidar, aparecería a cada instante, perturbándome cada vez más.

Me daba cuenta en mí de lo que tan fácilmente podía ver en los demás. Es difícil poner fin a una pareja. Es difícil despedirse. Preferimos, conscientes o no, quedar ligados, aunque sólo sea por el odio. Lo hacemos aun sabiendo y sintiendo que ese sentimiento nos enferma simbólica y efectivamente.

Muchas veces había hablado y escrito sobre la necesidad de superar estas neuróticas contradicciones. Nos separamos de alguien con quien no podemos seguir porque el fastidio que nos produce su actitud, su compañía o su mera presencia nos impide, decimos, disfrutar de la vida compartida... Y sin embargo, unas horas después nos aferramos a esos mismos sentimientos, sabiendo o intuyendo que ellos, de alguna forma, conseguirán mantenernos unidos a lo que no podemos, no sabemos o no queremos terminar de despedir.

Ahora, enfrentada yo misma a ese dilema, me encontraba preguntándome si era posible hacer lo que era necesario hacer. ¿Cómo podía despedirme de alguien que hasta hacía nada parecía omnipresente en mi vida?

Me gustara o no, lo sucedido estaba dentro de mí y el rastro dejado por Luis en mi vida también. Sólo cabía aceptarlo. Porque si algo me diferenciaba de Estela y de tantos otros pacientes era mi certeza de que, aunque fuera posible borrar una parte de mi vida, ésa o cualquier otra, elegiría no hacerlo. El vacío que dejaría el eslabón faltante, el hueco, el agujero, sería siempre un obstáculo para conseguir la paz interior que define para mí la verdadera felicidad. Nadie puede sentirse «pleno» si se sabe incompleto.

Necesitaba, pues, aceptar nuestra historia, la mía y la de Luis, aceptarla sin pelearme con ella.

Aunque eso le pareciera a otros una especie de resignación.

Aunque eso pudiera ser injustamente interpretado por mi más soberbia mirada como un gesto de debilidad.

Se trataba de reconocer lo inevitable: asumir lo sucedido, simplemente porque así había ocurrido. Podía no gustarme y de ninguna manera querría repetirlo, pero cualquier otro camino me llevaría, sin lugar a dudas, hacia una batalla perdida, la de luchar contra el pasado, gastando energía en el inútil trabajo de querer cambiar lo pasado.

Era estúpido embarcarse voluntariamente en una tarea como la de Sísifo, llevando hasta la cima la pesada piedra que, por designio de los dioses, irremediable e indefectiblemente rodaría hacia abajo, cuando pareciera que hemos conseguido llegar arriba...

Pero saber que algo es estúpido no es suficiente para conjurar nuestra estupidez, y mis argumentos más evolucionados no conseguían frenar mi tendencia a pretender negar algunos hechos o a querer borrar algunos recuerdos. Día a día, me descubría embarcada en el absurdo intento de torcer el pasado para terminar así con el dolor asociado a ese allí y a aquel entonces.

Está claro que la negación tiene su inteligencia interna. No en vano es para muchos el mecanismo de defensa preferido de nuestros aspectos neuróticos. Cuando lo ponemos en marcha y cerramos los ojos a la realidad o al recuerdo, en un principio y aunque sea momentáneamente, conseguimos un pequeño alivio; aunque sea aparente, aunque sepamos, sin querer saberlo, que el precio a pagar después será infinitamente más caro.

Negando que, de hecho, yo estaba separada de Luis y que por lo tanto ya no había razón que le diera sentido a seguir con mis reproches o reclamos, una noche, mirando la televisión sin ver, empezó a parecerme muy importante determinar quién tenía razón, quién había actuado mal, quién era el responsable de todo lo sucedido (y no quería saber nada de responsabilidades compartidas). Era como si pensara que entablar una lucha vindicativa y establecer que yo estaba del lado de los buenos o de los justos serviría de algo.

En el fondo uno sabe que aunque lograra que un tribunal universal declarara su inocencia y la total culpabilidad de los demás, eso no evitaría la tristeza, eso no borraría el dolor de la pérdida. Está claro que el juicio de la razón casi nunca es un instrumento eficaz en cuestiones del corazón.

Todavía hoy me sorprende tanto como me indigna la morbosidad de ciertos reporteros de televisión, cuando ponen a los familiares de la víctima de un asesinato frente a las cámaras preguntándoles a bocajarro qué querrían que le pasara al asesino.

Lo más importante en el proceso de un duelo es aprender a enfrentarse con la ausencia de aquello que no está, es tolerar la impotencia frente a lo que se quebró, es hacerse fuerte para soportar la conciencia de todo lo que no pudo ser; ésta es la esencia del dolor que subyace a una pérdida y más allá de cualquier comprensible y necesaria catarsis, no se puede aliviar reclamando justicia, ni se puede sanar consiguiendo condena.

Capítulo 10

Como tantas otras veces, en una sincronía que no dejaba de asombrarme, los pacientes traían a sus sesiones inquietudes que tocaban sospechosamente con las mías. Estela, la primera.

Ella quería borrar a su ex marido de su cabeza porque era insoportablemente odioso. Traía pruebas contundentes, al menos desde su punto de vista:

«No me pasa el dinero suficiente.»

«No se ocupa de los niños como debería.»

«Yo estoy deshecha y él se lo pasa de lo mejor.»

Estela se regodeaba en esos reclamos, completamente aferrada a la «justicia» de sus reproches; argumento que además usaba en mi contra, cuando no le gustaba lo que yo le decía.

—Vengo aquí hecha harapos en un mar de lágrimas y tú encima me dices que no he entrado aún en el dolor y que debo deshacerme del rencor. Parece como si no hubieras escuchado todo lo que te he contado acerca de cuánto me hizo sufrir.

Hice una pausa. Quería elegir muy bien las palabras que iba a decirle. Estela sin saberlo acababa de cerrarse las vías de escape. Su último intento, provocarme para poder descalificar lo que le dijera, estaba a punto de fracasar.

—Ingresar en el dolor es muy diferente de quedarse en el reclamo de la víctima —le dije—. Para pasar al siguiente momento de tu vida, en el que todo será más nutritivo, deberás ponerte en contacto profundo con tu tristeza, aunque te lastime hacerlo. A tu corazón poco le importa de quién fue la culpa, sólo siente el dolor de lo perdido... ¿Comprendes?

Cuando terminé de hablar, Estela lloraba.

Lloraba como nunca lo había hecho hasta entonces.

—Es que no sé si podré seguir adelante —admitió... Parecía una niña desvalida—. Son tantos años... Y tantas cosas...

Al final de esa sesión, tuve la impresión de que Estela por fin había conseguido conectar con su verdadero sentimiento respecto de su divorcio. Quizá a partir de allí podría construir para ella una vida mejor.

Antes de irse me miró a los ojos y después me abrazó, para susurrarme un «gracias» en el oído.

Cuando se fue, me quedé pensando que a mi manera también yo debía enfrentarme al dolor del final de mi matrimonio. No podía seguir escapando, ni por la vía del enfado ni llenándome de cosas para no pensar.

Tenía que admitir mi pena, ésa que sentía por lo que había sido nuestra historia y por lo que no había sido. No se trataba de suprimir el enfado, sino de trascenderlo. Vivir la pérdida y aceptarla. Encarar la tristeza de darme cuenta de que finalmente mi matrimonio no había funcionado, que todo lo que yo había hecho para construir una familia ideal no había bastado, que todo el amor que nos habíamos tenido durante tanto tiempo no había sido suficiente.

Si continuaba estacionada en el reproche me seguiría dañando. El resentimiento me alejaba del amor, me impedía disfrutar siquiera de las cosas que más deseaba y me gustaban.

Debía trascender el rencor, pero ¿cómo?

¿Qué hacer con todos esos «hechos» que me instalaban en el lugar del enfado? No podía negarlos, me resistía a darles la vuelta, no debía olvidarlos.

La lista de mis reproches era larga y, por si esto fuera poco, no estaba cerrada, de hecho parecía incrementarse cada día.

Mientras yo hacía malabarismos para cumplir con todo, léase

madre, suegros, hijos, casa, mascotas, trabajo, etcétera, Luis parecía como siempre replegado en su propio ombligo. La idea original de que los chicos pudieran tener la libertad de elegir dónde estar no había sido más que una declaración de buena voluntad, pues en realidad a lo máximo que llegaban era a cenar alguna noche con su padre o a compartir una tarde de compras.

De todo lo demás, ausente sin aviso.

O con aviso, como me corregía Sonia, cuando me señalaba que no me quejara tanto, porque si miraba hacia atrás, las cosas estaban como siempre habían sido.

Tenía razón. Aunque eso no evitaba que yo me retorciese al ver su perfecto bronceado en pleno invierno, producto de sus soleadas tardes jugando al golf o de sus escapadas a esquiar, ve a saber con quién. O peor, presintiendo con quién, lo que indudablemente me ponía más furiosa.

Ni qué decir cuando, pretendiendo alabarme, me agradecía por ocuparme tanto y tan bien de mis suegros, o sea de sus padres, instándome a seguir haciéndolo «porque yo era una hija para ellos».

Pero Sonia tenía razón, no ganaba demasiado con enojarme.

Si yo fuera mi paciente, me diría que debía ser capaz de tocar fondo en mi dolor, para después, sólo después, perdonar a Luis para poder soltar nuestra historia.

Yo había ayudado a muchas mujeres y a algunos hombres a lograrlo. Ahora me tocaba el turno.

Le pedí a Sonia que no me pasara llamadas y, aprovechando una hora que había quedado libre, me dediqué a buscar los ejercicios que recomendaba a mis pacientes en situaciones semejantes, con la intención de aplicármelos.

El primero consistía en escribirme una carta a mí misma, como si yo fuera Luis.

Puse una música suave en el equipo de mi despacho, tomé una hoja de papel y me dispuse a escribir, no sin ciertas aprehensiones. Respiré profundamente varias veces, intentando relajarme, y traté de ir poniéndome en la piel de mi marido a medida que escribía, pensando lo menos posible, prescindiendo de si lo estaba haciendo bien o mal.

A pesar de mi escepticismo, el ejercicio me hizo bien. Me daba cuenta de que por primera vez en muchos años había podido comprender sus sentimientos. A su manera, él también había tenido sueños, ilusiones, esperanzas y decepciones... que seguramente querría contarme. Acepté el esfuerzo de su lucha, percibí sus frustraciones más profundas y también sentí con claridad la tristeza que muchas veces él escondía en la apatía y en el silencio.

Cuando concluí, le pedí a Sonia un té con limón y me dispuse a releer lo que había escrito.

El alivio de confirmar en «sus palabras» que también Luis sentía una frustración tan intensa e indeleble como la mía fue muy revelador y hasta podría decir agradable.

Pensé que debía llamarlo para compartir con él mi descubrimiento, pero al recordar que no estaba en la ciudad porque según había avisado tenía «convención» en Córdoba, mi serenidad se evaporó aún más rápidamente que como había llegado, y terminé como siempre añadiendo a mi lista de reproches uno más.

«Así no va a funcionar», me dije.

Intenté algunas respiraciones más y volví a la carpeta donde guardaba los escritos de los ejercicios.

Había una tarea que yo había llamado «Balance en dos actos: reclamos y regalos».

Consistía en elaborar por escrito dos listas, como si fueran el Debe y el Haber de nuestra relación de pareja.

La primera labor consistía básicamente en enumerar, sin pensarlo demasiado, aquellas situaciones que reiteradamente lo enojan a uno con su pareja. El objetivo no era sólo la búsqueda del consiguiente alivio al poder poner en palabras lo que sentimos, sino también el de encontrar, al repasar esa lista, una mirada alternativa. Un punto de vista distinto de la misma situación que, aunque sólo sea mínimamente, permita una consecuencia más nutritiva.

En pocos minutos llené más de dos páginas con los enunciados de las cosas que me irritaban. Desde la fastidiosa calma de su voz cuando discutíamos, hasta su paupérrima forma de manifestar alegría cuando ganaba el Racing, el club de sus amores, pasando por su manera suficiente de hacerse cargo de las cuentas y por lo inamovible de su siesta de los sábados, inaplazable incluso en medio de alerta de terremoto.

Y eso que me abstuve de todo lo que me molestaba de la convivencia, porque me pareció injusto centrarme en aquello que ya era parte del pasado.

Sin duda más liviana y sin tanto cabreo, me aboqué a la segunda tarea. Se trataba de hacer un listado de todas aquellas cosas que la relación nos ha enseñado, «a pesar de» (o «gracias a») todas las dificultades vividas y todos esos momentos, aunque sean fugaces, que podemos agradecerle al otro. Grandes o pequeños momentos en los que sentimos bienestar, protección, crecimiento o cualquier otra sensación positiva.

Este «segundo acto» no fue tan sencillo, pero con un poco de arte y un mínimo de esfuerzo conseguí escribir una docena de líneas que, al final, por lo menos me permitieron poner en blanco y negro la idea de que no todo con Luis había sido malo y de que lo vivido juntos de ninguna manera había sido inútil.

Guardé las dos listas en mi portafolios para llevarlas a casa y mirarlas con detenimiento. Estaba claro que algo más de jugo podía yo sacar de este ejercicio. Por el momento, me daba cuenta de que el mayor interrogante seguía allí imperturbable. ¿Podría yo, después de todo, cancelar mis asuntos pendientes con Luis, llorar lo que debía llorar, gritar lo que debía gritar y perdonar lo que sólo cabía perdonar?

El resto de mis pacientes de ese día me impidieron seguir pensando en esa dirección, aunque ciertamente no era muy probable que estuviera en condiciones de encontrar todas esas respuestas.

Las preguntas debieron esperar hasta esa noche y las respuestas muchas noches más.

Fueron noches larguísimas y también llenas de emociones desagradables.

Dolor, sensación de impotencia, autorreproche, llanto, cuestionamientos y más autorreproches todavía.

Hasta que una madrugada, una de esas que en aquella época me solían atrapar insomne y con los ojos hinchados, inesperadamente me di cuenta de que en verdad la comprensión y el perdón que se necesitaban, más que una gracia hacia Luis serían, sin duda, un gesto de consideración y de amor hacia mí misma.

Después de todo y como siempre, aceptar, comprender y perdonar no son más que las consecuencias razonables de dar por terminadas las demandas, el resultado previsible de quitar las condiciones, el efecto inevitable de cancelar las expectativas.

Me dije que no debía olvidar que, en contra de lo que la mayoría de la gente piensa, aceptar no es resignarse, comprender no es estar de acuerdo y perdonar no es olvidar.

Era imprescindible reconocer lo inevitable, que el otro es quien es y así debe ser, porque uno es quien uno es y es bueno que así sea. Tonta y a la vez trascendente verdad que entendí de pronto, como esa tranquilidad que sucede a una gran tormenta o que la precede.

Parafraseando a Fritz Perls escribí con la tenue luz del sol que apenas despuntaba:

Hubiese sido maravilloso que hoy me encantara tu forma de ser, como sucedió cuando nos conocimos.

Me hubiera gustado que hubieses actuado de la manera que yo necesitaba y deseaba. Seguramente tampoco yo actué de la manera que tú necesitabas y deseabas.

Pero tú no estás aquí para ser quien yo quiero ni yo para intentar volverme la que tú quisieras.

Cada uno es quien es, y compartimos desde siempre un deseo común, estoy segura: ambos pretendemos ser aceptados tal como somos.

Ahora sí. Al terminar de poner el punto después de «somos» me sentí más ligera, como si estuviese quitando de mi espalda una pesada mochila.

Era cierto. Con más o con menos conciencia, Luis y yo siempre habíamos querido que se nos permitiera ser quienes éramos, dentro y fuera de nuestra pareja. «Más aún —pensé—, quizá fue ese punto el que nos unió.»

En ese momento sentí como si hubiera conseguido de corazón cancelar algunas de mis demandas hacia Luis y hacia mí misma...

Como si hubiese podido penetrar en mis creencias y actitudes para descubrir las expectativas escondidas (sobre mí y sobre él) y renunciar a ellas...

Como si hubiera dado un paso definitivo hacia la posibilidad de encontrarme frente a frente con Luis (una alternativa que me tenía vedada) y desnuda de toda armadura, vulnerable, con todas mis fortalezas y debilidades, invadida quizá por la pena, hablar con él entera y adulta, llena de aceptación de lo que no pudo ser y cerrando el capítulo de lo que se perdió.

Era el final de un camino...

Me sentí en condiciones de despedirme... y recordé el escrito de Bert Hellinger...

«Te quise mucho.
Todo lo que te di, lo di con ganas.
Tú me diste muchísimo y lo honro.
Por aquello que entre nosotros fue mal,
yo asumo mi parte

y te dejo la tuya
aunque te doy las gracias por ambas.
Y ahora, te dejo en paz...»

Me quedé dormida cuando el sol ya estaba alto, con una placidez que no había sentido en meses, tal vez en años.

Capítulo 11

Posiblemente en contra del cuidado de mi físico, pero absolutamente fiel a lo que mi cuerpo me pedía por esos tiempos, decidí darme permiso durante todo un mes para despertarme cuando se abrieran mis ojos, fuera la hora que fuese.

Por ese motivo, cuando el teléfono me despertó esa mañana, miré el reloj y dejé que el contestador automático se ocupara de responder, para no asustar a quien llamara atendiéndole, pasadas las diez, con aquella voz somnolienta.

Me quedé remoloneando en la cama casi una hora más, disfrutando con picardía y en silencio de la secreta travesura que nunca me permitía, la de quedarme haciendo nada, sabiendo que alguien trataba de encontrarme.

A las once y media, después de bañarme, vestirme y tomar una enorme taza de café para espabilarme, escuché el mensaje. Una vez más era Nicolás Mendigur. Quería recordarme su interés por que nos encontráramos para charlar un rato y hablar sobre la posibilidad de que escribiera el dichoso libro.

«Charlar un rato» y «hablar sobre el libro» eran para mí al menos dos cosas bien distintas y separadas, aunque en una rápida mirada a mi interior confirmé, sin sorpresa, que ambas seguían pareciéndome apetecibles. Iba siendo hora de aceptar la invitación.

En cuanto llegué a la editorial, la secretaria de Nicolás me hizo pasar a su despacho, diciéndome que el señor Mendigur me esperaba, cosa que él se encargó de confirmar con palabras y gestos. Fue una bienvenida tan efusiva y sonriente que casi me dio vergüenza.

Me invitó a sentarme en uno de los imponentes sillones junto a la ventana y mientras se acercaba al otro me habló de sus optimistas y entusiastas planes editoriales.

Él había leído todos mis artículos —incluso los había hecho archivar cronológicamente en una carpeta que descansaba sobre la pequeña mesa entre ambos— y había diseñado el perfil del libro que le parecía más adecuado. Enseguida se apresuró a aclarar que, aunque tenía varias propuestas, cualquier iniciativa mía tendría prioridad sobre el resto. Nicolás quería que yo me sintiera dueña del proyecto todo el tiempo y que supiera que contaba con todo su apoyo y el de la editorial, porque un libro mío, dijo, era para él, a título personal, un sueño largamente acariciado.

Mi sorpresa debió transmitirse con velocidad hasta mi cara, porque enseguida Nicolás se ocupó de aclararme:

—Hace dos años diste una conferencia sobre los problemas de las parejas en la universidad, junto a otros colegas. Yo estaba entre el público, porque mi cuñado, Guillermo Garzón, marido de mi hermana, era uno de los ponentes. Te confieso que había ido medio a regañadientes, pero fíjate que debe de ser cierto que todo esfuerzo tiene su recompensa y en este caso fue escucharte.

—Bueno, muchas gracias —le dije halagada.

—No es un cumplido, te lo aseguro. Me quedé impactado contigo. Tu elocuencia, tu serenidad, tu sencillez para explicar esos conceptos para nada simples me cautivaron —y agregó—: Mientras los demás conferenciantes no hacían más que hablar con voz melosa y repetir los manidos consejos propios de los terapeutas, tú lograste con tus palabras una respuesta única. Fue fantástico, te aseguro que se produjo un quiebre real en la mayoría de los que estábamos allí...

Recordaba perfectamente aquella conferencia, aunque mi registro de aquella tarde era totalmente diferente. Me había sentido absolutamente vulnerable ante los severos discursos de quienes me acompañaban y me parecía que mis palabras habían sonado más a recetas prácticas de revista femenina que al trabajo sesudo de una profesional de la psicología. Y si bien ciertamente había sido la más aplaudida y la más interpelada al final de la exposición, esto no había logrado esfumar el malestar producido por ciertas miradas peyorativas, especialmente de los directivos de la facultad. Ni las felicitaciones de mis colegas ni las alabanzas de Guillermo, al que conocía desde mis comienzos en la carrera, habían podido convencerme de que mi ponencia había sido de las mejores.

—Desde entonces pensé mil maneras de conseguir que te convirtieras en autora de la editorial, en una de nuestras autoras...

Mi mirada inquisitiva debió perturbarle, porque se tomó medio minuto antes de continuar.

—No me mires así —me dijo sonriendo—, ya sé que podía haberme comunicado en ese momento contigo, acercarme y decirte lo que pretendíamos, pero tenía mis motivos para no hacerlo. Primero, porque no quería que te negaras de plano, ya que eso hubiera obstaculizado el camino por completo. Y segundo, porque sabiendo que habías rechazado muchas invitaciones a participar de diversas publicaciones, un libro no tenía por qué tentarte...

—¿Entonces? —pregunté temiendo la respuesta que llegó a continuación.

—Entonces... —Nicolás dudó un momento, pero luego continuó con decisión—... entonces, le propuse al director de *Nueva Mirada* que te llamara.

—¿?

—Él estaba más que interesado en tu trabajo, pero te había descartado por tu...

—¿Mi...?

—Fama de difícil, digamos... Pero yo lo animé e incluso le llegué a ofrecer la ayuda de mi cuñado, que te conocía y que tal vez hubiese podido mediar...

—Lo que no hizo falta.

—Exactamente, porque milagrosamente...

—Respondí que sí —cerré la frase.

—Sí. Por suerte. En cuanto comencé a leer lo que escribías, supe que no me había equivocado. «Aquí hay una autora, me dije y lo repetí en el consejo de dirección, pero habrá que esperar un poco antes de acercarle la propuesta de un libro...»

A esas alturas yo no sabía si estaba ante un hombre fuera de lo común o ante un obsesivo capaz de planificar durante meses o años una estrategia para conseguir lo que deseaba, en todos sus detalles.

«Al menos es brillante», pensé, mientras lo observaba. Tenía los ojos de color almendra, una mirada límpida y una melena ondulada que pasaba unos milímetros el cuello de la camisa. Cuando se ponía serio parecía un hombre común de unos cuarenta años, de los que una podía encontrar casi en cualquier esquina; pero cuando sonreía su rostro cobraba un encanto y un aire juveniles que lo hacían tan especial como atractivo.

Su actitud seductora me inquietó una vez más. No iba a ser tan tonta como para engañarme. Como él mismo dijo, le había impactado mi ponencia y ésa había sido la razón para que se fijara en mí; pero así como nuestro encuentro en aquella exposición de fotografía me había dejado la sensación de que alguna lucecita se había encendido en ambos, esta conversación no hacía otra cosa que confirmarlo.

El entusiasmo se le veía en la cara, en la sonrisa, en los tonos de voz que ni siquiera se tomaba el trabajo de disimular.

«Como los niños», me dije.

«Es que ES un niño, Irene», me advertí.

Mientras yo trataba de descalificarlo, él ya había transformado en su discurso el libro todavía no escrito en una colección de exitosos bestsellers.

—Tú sólo dedícate a escribir y el resto déjalo de mi cuenta —concluyó.

—Bueno, me has convencido —acoté, dejando de lado mi conmoción.

—Por supuesto, Irene —dijo, mientras con mucha naturalidad ponía su mano sobre la mía—, no debes tener dudas, la semana que viene firmamos el contrato...

Creo que mi único interés era que no se notara mi perturbación. Me comportaba a mitad de camino entre una adolescente que asiste a su primera cita con un hombre y una veterana mujer casada que vive asustada y culpable su primera aventura extramarital.

De nuestra charla posterior, que se prolongó por lo menos unos quince minutos, poco y nada podría decir. Yo estaba mucho más pendiente de nuestros dedos entrelazándose mientras ambos pretendíamos hacer ver que el contacto no existía. Después supe que a él le había pasado lo mismo. Ambos actuábamos midiendo cada movimiento, como si temiéramos que el hechizo se rompiera.

Hechizo y temor.

Ésas eran las dos palabras que mejor resumían mi experiencia con Nicolás.

A pesar de todo, aquella tarde en su oficina no quedamos en nada que no fuera un vulgar aunque cálido «te llamo». Un lugar común que en general implica aún menos que un silencio.

Me fui con la sensación de que los dos estábamos demasiado emocionados como para obrar con mínima racionalidad, así que me permití pensar que en los próximos días llamaría.

No tuve que esperar demasiado para desvelar la incógnita, porque al día siguiente, nuevamente como un niño que no tiene nada que esconder, me llamó al consultorio a mediodía para invitarme a cenar, y yo acepté, desde aquellos dos lugares, sabiendo que, como colegiala o adúltera, de todas formas iba a meterme en camisa de once varas.

Mientras almorzábamos, le conté a Sonia el encuentro.

—Por un lado, creo que estoy un poco loca —le confesé—, pero la adrenalina es más fuerte...

—¿Loca por quedar para cenar con un hombre que te gusta? —inquirió mi amiga, con un dejo de sorna.

—No, loca porque me gusta demasiado... Y porque no sé si hago bien al mezclar el trabajo con las relaciones personales... Y porque es más joven que yo... Y por los niños...

—¿Y qué tienen que ver los niños en este entuerto?

—Ya bastante les cuesta la separación como para que ahora les llueva que su mamá aparezca de repente con un novio, no sé qué van a decir... Y después está Luis, que seguro que va a poner el grito en el cielo, porque...

—Parece que en vez de tener una cita te vayas a casar —me interrumpió Sonia—. ¿Por qué no vas paso a paso en vez de hacer un mundo por una simple comida?

Tenía razón, en menos de un día me había construido un sinnúmero de obstáculos para una relación que ni siquiera existía.

Supongo que no me quería dar permiso ni para intentarlo. Poco me faltaba para aducir que mis suegros no iban a poder superar que me uniera a otro hombre que no fuera su hijo y que mi madre se moriría de tristeza al ver que su hija «ya» tenía otro novio.

En fin, Sonia tenía absoluta razón, como siempre. Debía dejar de dar vueltas a la cabeza, controlar menos e improvisar más. Después de todo, como ella misma había dicho, no era más que una cena con un hombre que me atraía.

Y cómo me atraía.

La cena se extendió hasta las cuatro de la mañana, cuando los camareros, corteses pero decididos, comenzaron a levantar las sillas y a apagar algunas luces. Hablamos de todo, de nuestras vidas, nuestras historias de amor, nuestros gustos. Y cuando no tuvimos más remedio que darnos por aludidos respecto de la hora, Nicolás me acompañó hasta la puerta de casa y se despidió con un beso que habíamos aguardado toda la noche.

Lo que siguió se puede definir como una explosión de los sentidos: una atracción irresistible, un volver a saberme deseada y un encontrar en mí un cuerpo que si alguna vez había conocido tenía absolutamente olvidado.

Hasta donde tenía registro, nunca, ni en los momentos más plenos de mi juventud más ardiente, había sentido tanto placer ni tanta libertad. En la cama nuestro encuentro fue simplemente mágico. Era como si cada uno supiera exactamente la manera de complacer al otro y a la vez disfrutara inmensamente haciéndolo.

Quien no ha experimentado nunca la exaltación interna que produce el puro erotismo no sabe lo que significa sentirse por un momento arrastrado por esa corriente de sensaciones placenteras que circulan por nuestro cuerpo.

Una catarata de estímulos que desde afuera hacia adentro nos arroba el alma, y que de adentro hacia afuera nos puede hacer pasar de la pasividad y el tedio a la elevación suprema del ánimo, en un instante.

Y es que la pasión del erotismo, en alguna de sus manifestaciones, se parece bastante al amor, tanto que algunos la han llegado a llamar «el amor desamorado», dado que nos conecta como aquél con las ganas de dar sin egoísmos y con las ansias de entrega... Aunque en esencia no es amor, muchísimas veces es su semilla y el primer paso en el camino hacia él. Un comienzo que casi siempre tiene una energía capaz de arrancar el alma y de llevarla caminando en el aire desde el abatimiento hasta la urgencia de la unión con el otro...

Por allí andábamos con Nicolás, presos de esas vehementes emociones, de carcajadas sin más sentido que el hecho de estar juntos, de encuentros sin otro proyecto que el de fundir nuestros cuerpos, abrazarnos y sabernos cerca.

A mí, la fuerza erótica me había atrapado como jamás hubiera imaginado. Aquel hombre representaba para mí, en ese momento, la sexualidad perdida, mi cuerpo recobrado, ausente y escondido por tanto tiempo bajo el ropaje de una madre. Y por eso también quise añadirle valores que quizá no tenía, el del abrazo protector largamente esperado, la caricia tierna más añorada y la presencia que me permitiera alejar el insoportable fantasma de la infinita soledad.

Ese fantasma que me acosaba desde esos territorios interiores desde donde indefectiblemente me criticaba, me enjuiciaba y me convertía en mi propio verdugo.

Gracias a Nicolás, o mejor dicho a darme el permiso de abrirme a la relación con él, era yo capaz, finalmente, de llenar el vacío que en un principio había querido esconder llenándome de actividades. Podría por fin enfrentarme con ese miedo insoportable en el que había caído desde la separación y vivir la vida con la intensidad que me merecía.

Eso era lo que yo pensaba.

Pero nada es tan sencillo como parece, al menos para mí.

Mi peor enemigo me esperaba paciente a la vuelta de la siguiente esquina de mi existencia.

Mi odiada compañera inseparable, su majestad la culpa.

Después de la separación, mi nivel de autoexigencia con relación al trabajo fue creciendo y cada semana mi situación se volvía más angustiante...

En algún sentido, siempre me parecía que mis esfuerzos no bastaban. Sentía, por ejemplo, que mis hijos eran, ante todo, mi responsabilidad y que antes que ninguna otra cosa debía ocuparme de ponerlos a salvo de cualquier necesidad. Si bien lo que yo ganaba era suficiente y Luis siempre cumplía con sus obligaciones económicas, cada vez que pensaba en parar y tomarme un recreo se desataba una intensa disputa en mi interior. «¿Por qué voy a tomarme estos días cuando en realidad debería estar en la consulta? ¿Es tan necesario parar? ¿No significará esto que no tengo la suficiente fuerza para velar por el futuro de mi familia?»

El resultado obvio y previsible era que aunque finalmente me tomara los días para escaparme con una amiga o con mi hermana a la playa, no conseguía disfrutar del más mínimo descanso.

Si esto era así antes de Nicolás, cuando escuché su propuesta de hacer una escapada de una semana a la costa, la ambivalencia se volvió enfermiza.

Desde el principio, la idea me encantó. No sólo pasar unos días con él, sino también despejarme, caminar largamente por la costa, pintar allí, frente al mar, entre los riscos... Me parecía el mejor de los proyectos, incluso para profundizar en nuestra relación. Ya no sólo compartiríamos una noche de amor y sexo, sino que podríamos encontrarnos en cierta intimidad que sólo podría conducir a poder acercarnos más.

La euforia y la certeza duraron apenas unas horas.

Enseguida, mi viscosa «amiga» empezó a susurrarme al oído:

—¿Estás loca?

Capítulo 12

Juro que fui con el mejor de los ánimos, deseosa de enfrentarme al «ejército del lado oscuro de la fuerza», como galácticamente lo llamaría mi hijo. Enfrentarme a mis miedos, a la culpa, a la vergüenza, a los mandatos, a muchos «se debe» y a otros tantos «no deberías».

Arreglé mi agenda con los pacientes, dejé escritos dos artículos anticipados para la revista —para poder dedicarme al regreso exclusivamente a la consulta—, y me preparé casi casi para una luna de miel, con ajuar incluido.

Un día de spa previo, tratamiento de belleza, corte y peinado nuevos... En fin, todo lo que se hace en ocasiones especiales.

Así fui a su encuentro, así comenzó el viaje, con los mejores augurios y expectativas, y así continuaba dos días después.

Era sábado y volvíamos de la playa para ir a comer al puerto, cuando sonó mi teléfono móvil. La voz de mi hijo Patricio era alegre y distendida...

—¿Cómo estás, mamá? Nosotros, aquí en la isla con papá —me dijo entusiasmado.

Renata se acercó y le robó el teléfono para contarme:

—Mami... Hemos pescado un montón de bagres. Los vamos a limpiar... para hacerlos a la marinera.

No sé si pude decirles un mínimo «qué bien», porque se me hizo un nudo en la garganta.

De pronto, me transporté a la isla, a la antigua casa de fin de semana en el Delta, donde ahora vivía mi suegro. De seguro estaban en el muelle. En un rato, después de haber cumplido con la llamada, se zambullirían en el río o se irían a remar para dar una vuelta completa a la isla, antes de comer. Podía ver a Luis, con su sombrero panamá agujereado de siempre. Lo prepararía todo para el almuerzo y se tiraría en la hamaca paraguaya a hacer tiempo hasta que regresaran los chicos. Llevaría el periódico para no quedarse dormido, aunque de todas maneras, como siempre, Renata y Patricio tendrían que despertarlo cuando el hambre les informara de que ya era hora de sentarse a comer.

La conversación fue breve, pero suficientemente intensa como para ensombrecerme el rostro y el ánimo. ¿Qué estaba haciendo yo en la costa, con un hombre que apenas conocía? ¿Por qué no compartía con mi familia aquel almuerzo, incluso con Luis? ¿No me había dado cuenta de todo lo que los extrañaba? ¿De la mucha falta que me hacían? ¿De que tal vez ellos me necesitaban? ¿No me daba cuenta de que mi lugar estaba allí y con ellos?

No hacen falta las palabras para definir la culpa, cualquiera conoce el malestar interno que sentimos cuando su presencia nos invade. Quisiéramos librarnos de ella pero solamente logramos enunciar los motivos que nos hacen sentir en pelea con nosotros mismos y justificar esa acusación, dándole la razón a esas «razones».

Porque eso es la culpa, un estado de disputa entre quienes somos y la idea que tenemos de cómo deberíamos ser. No queremos aceptar que sólo hacemos lo que podemos. Nadie ignora que pretender actuar siempre como «deberíamos» es una batalla perdida de antemano que consume nuestra energía y nos conduce a la amargura; y sin embargo, seguimos enfadándonos cuando no lo conseguimos.

Aceptar amorosamente que somos quienes somos es un requisito indispensable para que la culpa se diluya y paradójicamente también lo es para iniciar el cambio necesario. Nada puede modificarse constructivamente sin una visión clara de la realidad, y ésta es imposible si nuestra percepción está teñida por la culpa y el autorreproche.

Pero saber todo eso no conseguía que tuviera ganas de probar el que en otro momento hubiese sido un irresistible plato de langostinos y que Nicolás había pedido en aquel chiringuito encantador que balconeaba sobre el agua. Me sentía en el lugar equivocado, en el momento equivocado y, lo que parecía peor, en el rol equivocado.

«Como Lorenzo y Ana», pensé, recordando a aquella pareja que había conocido en mi consulta hacía un tiempo.

Él, mi paciente, había sido dueño de una pequeña empresa que, en el último vuelco grave de la economía del país, se había quedado casi sin clientes.

Después de varios intentos, tratando de contrariar la lógica más elemental que aconsejaba cerrarla y a pesar de su decisión de resistir hasta último momento, la realidad financiera acorraló a Lorenzo, que finalmente no tuvo más remedio que tomar la dura y costosa decisión.

En el aspecto comercial, todo quedó en orden, con las cuentas con los proveedores saldadas y las deudas de sus clientes en un acuerdo relativamente bueno; pero Lorenzo no estaba tan bien balanceado.

Él se encontró de pronto sin trabajo, con menos que pocos ahorros y con más de cuarenta años.

Ana, su mujer, era una profesional independiente que trabajaba colaborando significativamente con la economía familiar, aunque hasta aquel momento, según lo acordado con Lorenzo, gastaba todo el dinero que ganaba en algunos lujos para todos y en algunos placeres para ella misma.

De golpe los roles se invirtieron y la mujer pasó a ser, más que principal sostén, única proveedora de la casa, mientras Lorenzo trataba de reacomodarse para ver qué rumbo tomar.

Ninguno de los dos estaba acostumbrado a esa situación y

aunque sentía el peso de un lugar en el que nunca había estado, Ana se enfrentó al desafío de llevar la carga económica sobre sus hombros sin reproches ni reclamos hacia su marido.

Lorenzo, en cambio, se sentía oprimido por la culpa de no ser suficientemente capaz de procurar aportar algo de dinero rápidamente para aliviar a su mujer. Esta cuestión lo volvía ultra sensible y esta situación no tardó en repercutir en la pareja.

Los peores desencuentros se sucedían cada vez que Ana se mostraba cansada y, sin que mediara palabra, Lorenzo interpretaba su silencio o su gesto de agotamiento como un reproche hacia su ineptitud. Entonces él se defendía de esa imaginaria acusación con una actitud bastante hiriente y claramente agresiva.

Cuando Lorenzo acudió a la consulta se había metido hacia adentro y se alejaba del mundo, en un momento en que necesitaba justo lo contrario. Estaba al borde de un cuadro depresivo y virtualmente paralizado; cuando hablaba de lo que había pasado siempre empezaba culpando a la situación económica de todo lo sucedido y siempre terminaba culpándose a sí mismo.

No fue difícil comprender su sufrimiento y su tristeza, explicarle la manera en que la culpa complica las cosas, convirtiendo la tristeza normal en una patológica depresión. Poco a poco fuimos desvelando cómo el círculo de la autoacusación lo encerraba peligrosamente, «confirmando» una y otra vez la más nefasta y falsa de las frases: «Todo lo que sucede es culpa mía. No puedo hacer nada. No valgo. No sirvo...».

Indagando en su historia resultó ser ésta una vieja y ya conocida sensación. Ese dolor, o uno muy similar, lo había acompañado durante la mayor parte de la infancia. Lorenzo era el menor de tres hermanos y había escuchado desde que tenía uso de razón que él no estaba nunca a la altura de las circunstancias. «No eres como tus hermanos, no sirves para nada.» Ése era el guión de su película, el telón de fondo de todos los actos de su vida, la razón última de cada cosa que no salía del todo bien.

Trabajamos para cuestionar esa idea, que agregaba un sufrimiento insoportable a cada frustración y le actualizaba la culpa, generada por esa creencia forjada en su infancia.

Fuimos trabajando la imagen de sí mismo, no su fracaso ni su depresión. Hablamos sobre quién era y no sobre la imagen que su padre hubiera querido tener de él. Finalmente, y como a veces suceden las cosas, Lorenzo, con su tristeza a cuestas, se atrevió a iniciar una nueva actividad, deseada desde hacía mucho tiempo. Algo que nunca se hubiera atrevido a intentar si para hacerlo debía dejar de lado la seguridad que le daba el trabajo en su empresa.

Solamente después de dar el salto al que lo había empujado esa circunstancia económicamente desgraciada, Lorenzo había podido darse cuenta de que no era éste el lugar ni el rol equivocado, sino aquel en el que seguía por rutina sin preguntarse nunca si era lo que verdaderamente deseaba hacer.

«En el lugar equivocado y en el rol equivocado, como Lorenzo», pensé, mientras apenas podía seguir distraída la conversación de Nicolás.

—¿Y de qué trata tu próximo artículo? —me preguntó finalmente, tratando que me involucrara en la charla sin excusas.

—De la culpa —le respondí, porque obviamente no podía pensar en otra cosa.

—¿Qué tipo de culpa?

—Cualquier culpa. Todas las culpas.

—¿Por una infidelidad, por ejemplo?

—Podría ser, pero en realidad, como te imaginarás, me interesa más la culpa como origen de nuestro dolor que la culpa como consecuencia de nuestras acciones.

—Claro... ¿Y dónde crees que empieza esa culpa originaria?

—Yo soy de las que creen que las semillas de la culpa llegan a nosotros en la niñez, y son sembradas en nuestra alma junto a la más temprana educación —comencé a explicar con avidez—, porque como ya debes saber, la culpa nunca es innata. La culpa siempre es producto del aprendizaje. Cuando nuestros padres, aun con las mejores intenciones, no nos validan tal como somos y pretenden torcer nuestra conducta a lo que corresponde, incorporamos la idea de que está mal ser como somos y comenzamos a embarcarnos en ser otros, esto es, a acercarnos a aquel que nuestros padres dicen que debemos ser.

—Por ejemplo, cuando les dicen a las niñas que no pueden jugar a la pelota. Recuerdo que mi hermana sufría muchísimo cuando nos veía a mi hermano y a mí salir a jugar a la hora de la siesta... Y cuando nosotros la invitábamos y salíamos a jugar los tres, a escondidas de mi madre, por un rato nos reíamos a carcajadas, pero enseguida ella lo dejaba y se metía corriendo en casa con lágrimas en los ojos...

—Exactamente. En el artículo cuento el caso de los varones a los que cada vez que se les sorprende llorando se les advierte: «Los hombres no lloran». Explico que en esta situación, sin darse cuenta, el niño saca sus primeras conclusiones: «Está mal llorar, está mal lo que siento. No soy tan hombre». Y señalo que a partir de allí cada vez que ese niño llore se sentirá doblemente mal. Mal por la causa que lo hace llorar y culpable por estar llorando.

»El problema radica en que no advertimos que la frase generadora del problema es una idea y no una realidad incuestionable. Una idea que además es totalmente falsa. «Los hombres no lloran», queriendo decir que los hombres son fuertes, queriendo decir que llorar es asunto de la debilidad, queriendo decir que las mujeres son débiles, queriendo decir también que ser mujer es menos que ser hombre. Con toda esa carga, los niños, los jóvenes y los hombres aprenden a no conectar con lo que les pasa para que no aparezca la necesidad de llorar y extienden la censura a todo sentimiento de ternura, porque eso no es cosa de hombres.

Alcé la vista y me encontré con que Nicolás me miraba con un interés verdaderamente llamativo. En sus ojos asomaban pequeños rastros de humedad.

—Me siento totalmente identificado con ese mandato. Eso es lo que me enseñaron —dijo al fin.

—A ti y a tu hermano que no podíais llorar como las mujeres, y a tu hermana que no podía disfrutar como los hombres...

—Joder con mis padres... —agregó Nicolás.

—Perdón —dije honestamente—, es que me ha sublevado un poco lo que me has contado de tu hermana... Tus padres, mis padres y todos tenemos por fuerza una construcción mental completa que nos informa, en repetición de lo aprendido, qué está bien y qué no lo está; una serie de prejuicios que si no estamos alerta transmitiremos con poco o ningún cambio a nuestros propios hijos condicionando su pensamiento.

—Entonces la raza humana no tiene remedio —acotó.

—No es tan así, porque como de todas formas somos lo que somos, cualquier mandato que nos lleve en contra de nuestra esencia sólo puede garantizar nuestra neurosis, pero no nuestra derrota. Pasaremos por el enfado con nosotros mismos, por la culpa de no ser como nuestro aprendido sistema de ideas lo indica, por el conflicto de obedecer o rebelarnos, pero no estamos predestinados al fracaso ni a quedarnos por fuerza anclados en la amargura y la depresión... ¿Te aburro?

—Para nada —dijo Nicolás—, me interesa muchísimo, sigue por favor... ¿Cuál es tu propuesta?

—Se trata de saber lo que queremos ser o hacer y decidir comprometidamente qué vamos a hacer con ello si no coincide con la moral aprendida. Soltarla o hacerla propia y, si es el caso, hacer lo que decidamos en cada momento sin recriminaciones ni culpas. Cualquiera puede, y en determinadas circunstancias debe, sentirse saludablemente responsable de algo que ha hecho, pero siempre, te aseguro, siempre es enfermizo sentirse culpable de ser quien uno es.

Yo no sabía ya si le hablaba a él, si le estaba explicando mi artículo o si me lo estaba diciendo directamente a mí.

Lo debió percibir, porque inmediatamente me dijo:

—Muy interesante. Realmente. Aunque parece que enfrentarse con esto no debe de ser tarea fácil... Ni siquiera para una experta como tú, ¿verdad?

—¿Por qué lo dices?

—Porque si no te fuera difícil lidiar con el asunto, no tendrías esa cara de angustia desde que hablaste con Patricio; ni estarías pensando en regresar... ¿O me equivoco?

No tenía idea de cómo había hecho para leer mi mente, pero no pude contradecirlo. Sólo me restaba ser honesta conmigo misma y ponerme a trabajar para aplacar la mirada de mi juez interno.

—Gracias —le dije.

Y él entendió el mensaje.

Capítulo 13

Los efectos y recovecos de la culpa son interminables. La voz introyectada del más severo de nuestros padres o del más temido de nuestros maestros parece estar allí cada vez que nos apartamos del modelo, para murmurarnos al oído sus acusaciones. Bastaría con convertirnos en observadores de nosotros mismos para notar la manera en que, directa o indirectamente, nos enjuiciamos. Actuamos como si no quisiéramos desprendernos de esas limitaciones heredadas. Como si nos sintiéramos más tranquilos cargando con esas tablas del bien y del mal que nos parecen más sólidas que nuestra percepción de la realidad. Quizá ingenuamente hemos decidido confiar en nuestros educadores y pensamos que todo será mejor si obedecemos los mandatos, si todos hacemos sólo lo debido, si nos guiamos por el código de Hammurabi[1] más que por el de nuestro cuerpo o nuestro corazón...

Y sin embargo, el sentimiento de culpa no parece ser una buena ayuda a la hora de buscar lo mejor para cada uno de nosotros. Es harto sabido que el alcohólico no sale de su condición por mucho que su juez interno y todos los jueces del mundo lo culpen, lo

---

1. Compilación de leyes que establecen lo que está bien y lo que está mal, auspiciada por Hammurabi, rey de Babilonia, que constituye el primer código conocido de la historia.

denigren y le digan que está mal beber. La experiencia profesional nos enseña que sólo puede aspirar a dejar su adicción cuando reconoce y acepta amorosamente su estado y en lugar de sentirse despreciable se considera querible, digno de ayudarse y de recibir ayuda.

Casi siempre nos sentimos culpables frente a alguien, pero para que la culpa germine es imprescindible que alguna parte de nosotros esté de acuerdo con la supuesta o real acusación del otro. Esto es particularmente importante porque explica el motivo de la necesidad de ayuda para reconocernos como los principales generadores de nuestros sentimientos de culpa.

Yo ya había vivido una situación muy similar a la de la playa, con Nicolás, aunque aquélla había sido mucho más intensa.

Cuando Renata cumplió cuatro años y empezó a ir a la escuela, yo me decidí a retomar mi formación como terapeuta en los Estados Unidos, que había dejado inconclusa al casarme. Viajaba tres o cuatro veces al año durante una o dos semanas para asistir a algún curso sobre nuevas técnicas de abordaje o para experimentar en mí misma los ejercicios de los talleres de Esalen, en California.

El día anterior a mi partida, mi madre indefectiblemente pasaba por casa para «despedirse» de mí. Una y otra vez, ella me preguntaba, como de pasada, si era realmente «necesario» que siguiera viajando. Después de todo yo ya era psicóloga y podía conseguir que me enviaran todos los libros de actualización que quisiera. Además, «deslizaba» al final, yo tenía que darme cuenta de que si el avión se caía, mis hijos quedarían sin madre.

Por supuesto, me enfadaba muchísimo con ella, y después de prácticamente echarla preparaba mi maleta y viajaba igual, no dándole lugar a su comentario. Y, sin embargo, cuando llegaba a Estados Unidos, la culpa comenzaba a hacer su trabajo y la mayoría de las veces ningún curso me parecía lo suficientemente bueno para justificar mi decisión de dejar el hogar.

Fue justamente en un taller en Big Sur, cuando en un ejercicio de «silla vacía»,[2] convocando imaginariamente a mi madre, me di cuenta de que eran mis propias ideas sobre lo que debía hacer las que me pesaban, y no las sugerencias de mi madre. Era cierto que ella reprochaba, pero sólo me afectaba porque yo me identificaba con ese reproche.

Si seguí viajando fue porque estaba convencida de que mi formación lo necesitaba, y también gracias a que Luis en ningún momento se sumó a la diatriba materna ni a mis propios prejuicios, todo lo contrario, me estimulaba para que viajara cada vez que lo creyera necesario.

Cuando volvía, renovaba esa decisión de viajar, me encontraba crecida personal y profesionalmente, llena de amor por mi familia, y el contacto con mis hijos era inmejorable; pero cuando estaba allí, seguía sintiéndome culpable.

El trabajo de salir de la trampa fue, siguiendo las instrucciones de mi terapeuta de entonces, observar los pensamientos, las ideas y las frases que se me ocurrían cuando la culpa me invadía. Eso me ayudaría a darme cuenta de que cada «debería» partía finalmente de un prejuicio. En el tercer viaje ya tenía la certeza de que lo único que de verdad «debía» hacer era enseñar a mis hijos que uno sólo debe hacer lo que cree que es lo mejor para sí y para los que ama, acertada o equivocadamente... Y debía hacerlo con el ejemplo.

El matiz diferente de esta nueva oleada culposa era que en aquel momento nada ni nadie podía objetivamente cuestionarme la necesidad de la formación académica, ni siquiera la más boicoteadora de mis Irenes internas.

Esta vez no podía esgrimir un argumento semejante; liarme con un hombre más joven que yo tan rápido no era la respuesta a una necesidad «aceptable» y por lo tanto no era una actitud que tuviera buena prensa ni para mi madre, ni para mis hijos, ni para mi ex, ni para mí.

2. Recurso terapéutico gestáltico en el que el paciente se enfrenta a partes de sí mismo con las que se encuentra en conflicto.

Me repetía cada mañana y cada noche que la culpa era un sentimiento inútil y perjudicial, que socava nuestra estima tratando de convencernos de que está mal ser como somos. Que está mal darse el permiso de levantarse tarde cada día, que está mal dedicarle más tiempo a la pintura que a leer el periódico, que está mal liarse con alguien y peor aún si una de las razones es la fantasía de disfrutar irracionalmente de la propia sexualidad.

Como dice John Welwood, la base del sufrimiento humano es el enjuiciamiento, especialmente el propio. De su mano, un gusto amargo impregna nuestras relaciones y cuando es intenso empieza a abarcar toda nuestra vida.

Aunque suene molesto y no sea argumento, hacemos lo que podemos. Ni más ni menos. Esto es verdad, pero no nos quita ni un poco de la responsabilidad de todo lo que hacemos y decimos. Podemos evolucionar, crecer, sentirnos mejor, pero nunca lo haremos si prestamos atención a ese juez interno que nos muestra cuán incapaces somos. Ese juez que sólo conduce a la impotencia. En cambio, cuando nos amamos, aceptamos y valoramos sin juzgar nuestras carencias, nuestra imperfección y nuestra vulnerabilidad, no perdemos tiempo en pelearnos por cambiar. Es entonces cuando el amor y la compasión crecen en nosotros y, para nuestra sorpresa, el cambio se produce sin esfuerzo.

Como uno de mis maestros me enseñaba, detrás de todo culposo se esconde un exigente, que se ha hecho objeto de sus propias exigencias, y si eso era cierto yo quería deshacerme de ambas Irenes, la exigente y la culposa, o cuando menos conseguir que hicieran silencio de vez en cuando.

En mis cajas de archivo encontré los apuntes de aquellos talleres donde había conocido y explorado esa línea.

Tenía que trabajar mucho si verdaderamente quería disfrutar con Nicolás o con quien fuera de alguna otra escapada como la que había arruinado sin querer.

En principio, me volqué en rehacer mi lista de las tres columnas: «Lo que Debo», «Lo que Quiero», «Lo que Puedo», en ese orden. En la primera columna, por supuesto, enumeré todo lo que se suponía que yo «debía» hacer, desde mi punto de vista y desde el de los demás, en el presente y en el futuro inmediato, lo urgente y lo importante.

Obviamente, mi jueza interna disfrutó muchísimo mientras duró, y decidió dejar la escena cuando a conciencia me metí con la segunda columna.

Se trataba de escribir todo lo que verdaderamente yo deseaba, sin prejuicios ni inhibiciones, sin hacerme cargo de ninguna imposibilidad y sin importarme el tiempo o esfuerzo que consumiría obtenerlo.

Finalmente llegué a la última. La columna de lo posible. De alguna manera, la que permitiría congeniar las dos anteriores. Algo así como: ¡Quiero esta cosa, pero debería tal otra, quizá pueda...!

Entre quedarme en mi casa pendiente de que mis hijos me necesitaran e irme a vivir una temporada junto al mar, sola o acompañada por un hombre que me volviera un poco loca, no estuvo mal decidir que sí podía disfrutar una vez al mes o cada dos meses de algunos días de permiso (no estaba mal, pensé, darles también a mis hijos oportunidad de descansar de mí).

Seguramente esta tercera columna, la del «Puedo», fue la que menos me gustó, pero de alguna forma era la más realista de las tres y la más saludable. La primera columna me había acompañado desde siempre y no había sido ni era de ninguna utilidad, salvo como autotortura. La segunda no tenía demasiadas posibilidades de ser concretada, y era utilizada por mi sombra (como la llamaría Jung) para martirizarme o victimizarme, según fuera la ocasión.

Releí lo que había escrito. Era evidente que la mayor fuerza y convicción la tenía la primera columna. La omnipotente jueza Irene sabía muy bien lo que decía... y a quién.

Pensé que debía plantarle batalla y pensé después que esto

también era un debería. Me di cuenta de que en la construcción de mis deseos mi parte exigente siempre conseguía filtrarse. En realidad, quería plantarle batalla... y derrotarla, machacarla, exterminarla... Pero, claro, venía yo del ejercicio planteado, así que volví a corregir mi «anclaje» interno. Quería y podía trabajar para anular la influencia y el sufrimiento que mi jueza interna me causaba cada día. Si trabajaba en ello estaba segura de que podría conseguir que mi autoexigencia se fuera esfumando poco a poco, y con ella se esfumara también la culpa, su discípula preferida. Me sentía encantada con mi decisión, no podía ser tan difícil. ¿Cómo había sido tan tonta de no hacerlo antes?

Terminé de hacerme esa pregunta y me di cuenta de que ya estaba enjuiciándome otra vez, acusándome de tonta y martirizándome con la exigente idea de que debería haberlo resuelto antes.

Quizá no fuera tan sencillo abandonar el hábito de maltratarme. En todo caso podía empezar por cambiar las preguntas o los comentarios insultantes para conmigo misma por algún pensamiento más constructivo o por preguntas más amorosas.

¿Qué me habrá llevado a ser tan dura conmigo?

¿Para qué llevé a cuestas esta actitud durante tanto tiempo?

¿Qué buscaría yo comportándome de aquella manera?

Sin lugar a dudas sería una dura tarea, especialmente porque era y soy una persona entrenada en el tema y mi subconsciente también lo es. Pero no podía desanimarme, el objetivo era loable: cultivar un mejor interés por mí misma.

Fue una guerra interesante en la que durante semanas se alternaron batallas victoriosas y estrepitosos fracasos. La culpa y la autoexigencia fueron perdiendo fuerza, pero en su lugar, lamentablemente, apareció una creciente desesperación y una inapelable conciencia de la impotencia en la que me dejaban mis limitaciones.

Por ejemplo, me lastimaba darme cuenta de que no podía estar en más de un lugar al mismo tiempo, por mucho que fuera mi deseo hacerlo. En esa época deseaba con convicción compartir algo de tiempo con Nicolás, tanto como quería no perderme nada de la vida de mis hijos, ni postergar un instante más algo que iba surgiendo como un área fundamental de mí misma: la pintura.

Renunciando a la tortura de correr por la vida intentando no dejar pasar nunca nada, no tuve más remedio que enfrentarme a cada momento con la necesidad de elegir.

Para mí siempre ha sido casi fácil escoger entre lo que quiero y lo que no quiero, y en aquel momento no dudaba que podía empezar a enfrentarme, sin temblar, con la necesidad de optar entre lo que quería y lo que debía, pero el problema que se me planteaba era otro, me perturbaba la idea de tener que elegir sólo una de entre varias cosas que quería.

Como nos sucede a todos, creo, mi mayor problema siempre había sido ir en la dirección de algo que deseaba, renunciando a otra cosa que me apetecía por igual, pero que era incompatible con aquélla, por lo menos en ese instante.

Esos momentos de la vida donde la frase de Fritz Perls tomaba más vigencia:

«Teniendo en cuenta esta situación y todos sus componentes y aceptando que, como siempre, es imposible tenerlo TODO, ¿qué prefiero?»

Claro. La pregunta en esas circunstancias no puede ser: «¿Qué quiero?», ni tampoco «¿cuál me agrada menos?». La pregunta debe ser: «Aquí y ahora, de estas dos posibilidades, ¿cuál prefiero?».

Ése era mi camino, habituarme a preguntarme una y otra vez, en cada momento, qué prefería y alinearme con mi elección, por lo menos hasta la siguiente vez en que tuviera la posibilidad o la necesidad de elegir.

Y esa necesidad se presentaba con demasiada frecuencia. El motivo era algo que yo solía soslayar con ahínco, pero que a medida que transcurrían los meses se hacía evidente. Nicolás y yo no teníamos ningún deseo de hacer pública nuestra relación.

Las razones que se podían argumentar, familiares, laborales, sociales, eran sólidas, pero supongo que también la idea de lo transgresor y prohibido, de lo oculto, le ponía un punto de excitación adicional a nuestros encuentros, algo a lo que no queríamos renunciar, aunque no ignorábamos que también nos complicaba.

Esas complicaciones eran las que aquella mañana me habían despertado con migraña. Intenté resistir, con esa, a veces estúpida, actitud «heroica» de no querer tomar siquiera una aspirina; pero al llegar a la consulta lo primero que hice fue pedirle a Sonia que me acercara una de esa pastillas rojas que quitan el dolor de cabeza hasta a un rinoceronte.

—¿Qué pasa? —preguntó Sonia, no tanto por la migraña como por mi gesto que siempre ventilaba mis preocupaciones, por lo menos frente a ella.

—Tengo demasiadas dudas —le respondí a Sonia.

—¿Respecto de tu relación con Nicolás?

—Sí y no —contesté en lo que parecía un vago intento de dejarlo allí.

—¿No estáis bien? —inquirió Sonia, pasando por alto mi respuesta, nunca más ambivalente.

—Mañana Patricio toca con su grupo en un pub nuevo y Renata me ha pedido que vayamos juntas a verlo, pero Nicolás y yo habíamos organizado un encuentro, de hecho él ha cancelado algunas cosas para que podamos encontrarnos, y ahora tengo que elegir qué prefiero y me molesta.

—También podrías elegir darte el gusto, por una vez, de tener ambas cosas. Quiero decir podrías invitar a Nicolás a ir con vosotras.

Yo temblé cuando escuché su propuesta, aunque sabía que el comentario no era para nada impertinente.

—Sí, seguramente podría, pero no estoy muy segura de que quiera que los chicos conozcan a Nicolás...

—Primero que los chicos no son tan chicos como para creer

que su madre teje calceta cada noche mientras añora la vida conyugal. Y segundo, ¿cuál es el problema de presentárselo a ellos? Después de todo es tu amigo, tu compañero, tu «pareja», aunque sea así, entre comillas.

—No sé, Sonia —dije, supongo que reaccionando al calificativo de pareja—, somos tan diferentes...

—Pero cuánto me alegro —dijo Sonia, restándole dramatismo a mi comentario—. De lo contrario os aburriríais muchísimo...

—No seas mala..., es bonito estar con él, nos divertimos, lo pasamos bien, sobre todo cuando yo tengo un buen día. Entonces me digo: «Irene, deja de pensar tanto en el futuro, disfruta de lo que hay», y lo hago; pero si tengo el día cruzado, la situación me trae muchos problemas...

—No deben ser sólo problemas lo que te trae... —sugirió Sonia con doble sentido.

—Es cierto, tenemos buena química, hay pasión... pero no sé. Supongo que lo siento como algo efímero. Demasiado efímero para presentarle a Patricio o a Renata.

—¿Efímero él o la pasión?

—Creo que las dos cosas...

—¿No tendrás prejuicios por la diferencia de edad, no? Por lo que me contaste no es tanta...

—No son los años... le llevo apenas tres —aclaré—, pero es su actitud la que no me termina de convencer. A veces me siento querida, contenida, abrazada, pero otras lo veo como a un niño que todo el tiempo está buscando un juguete nuevo, y a mí...

—Y a ti ya te tiene...

—A lo mejor me equivoco, pero no quiero dar ningún paso hasta que termine la etapa de la pasión. Cuando toda esta locura del encuentro pase un poco, veré qué hago.

Y el momento llegó, desde luego.

Era una mañana de domingo, en su casa.

Yo me había quedado a dormir porque aquella noche mis hijos estaban con Luis.

Después de desayunar, Nicolás estaba leyendo el diario recostado en el sofá del salón, cuando yo me levanté para ir a ducharme.

Llevaba puesto un camisón con una bata muy corta. El sol entraba de lleno por el ventanal.

Y de pronto, mientras me alejaba, escuché «la» pregunta:

—¿Qué son esos hoyuelos que tienes en los muslos?

Un timbre sonó de inmediato en mi interior.

«Horror», me dije.

Y vino a mi memoria aquel texto que escribí inspirada en una frase de Kundera.

Dice Chantal, el personaje de Kundera en *La identidad*: «Los hombres ya no se vuelven para mirarme».

Las mujeres medimos el paso del tiempo de acuerdo con el interés que tienen los hombres por nuestro cuerpo. Siempre pienso en lo importante que es para una mujer ser deseada. Yo atravesé esa barrera, pocos hombres se dan vuelta para mirarme. La única respuesta para este difícil momento en la vida de una mujer es el amor.

¿Cómo no nos ha de preocupar a las mujeres el amor, si cuando un hombre nos mira con los ojos del amor, cuando nos desea, sabemos que nuestro cuerpo se convierte en un lugar especial, a pesar de que existan otros más bonitos a los que mirar?

Con el amor la unión de esos cuerpos se transforma en algo único y cada uno puede sentirse en paz y armonía con el universo en una sensación de unión con el más allá que nos muestra que no estamos solos.

Cuando eso sucede, ya no me importa que los hombres no se den la vuelta para mirarme. Hay un hombre que tiene ojos de amor para mí. Tampoco yo tengo deseo de otro hombre. Ya no importa envejecer, si es al lado de alguien a quien amamos, un hombre que a pesar del tiempo nos elige de entre todas las mujeres para compartir su vida.

Sólo el amor hace que no tenga importancia que el cuerpo envejezca...

Mi historia de amor con Nicolás estaba terminada.

Capítulo 14

—Eres una exagerada —dijo Sonia—, no puedes dar por terminada una relación por un poco de celulitis.

—Mira, Sonia, puedes pensar lo que quieras. No es la celulitis, por supuesto, y las dos sabemos que, hoy por hoy, se nos ofrecen más de cien tratamientos posibles. No es eso ni mi narcisismo herido, ni siquiera es mi amor propio lastimado por saberme descubierta, como si hubiera mentido sobre mi edad.

—Te has sentido ofendida porque te ha dicho lo de los hoyuelos.

—Podría jurarte que no, Sonia. Lo que me ha pasado es que me he dado cuenta de que antes no los advertía. No era la primera vez que veía mi cuerpo desnudo, ni la primera que el reflejo del sol me daba en los muslos expuestos a su presencia. Lo conozco un poco y sé que no se habría callado por cortesía. Simplemente antes no los veía. Su mirada había cambiado.

—¿Y eso es tan importante?

—Para esta relación, sí.

No quise seguir dando explicaciones. Yo sabía que ese simple episodio era una señal unívoca de que el erotismo estaba en retroceso, si es que no había desaparecido hacía tiempo.

Los ojos de la pasión lo cubren todo con un velo mágico, especialmente lo desagradable de cada uno. Durante ese período los amantes suelen ver al otro como la misma encarnación de lo perfecto. Y si la pasión da lugar al amor, este sentimiento es capaz por sí mismo de prolongar por un tiempo más ese milagro, porque el amor, a su modo, también distorsiona lo que se ve en el amado, aunque lo haga por otro camino. Muchas veces el amor intenso se ocupa, sin tener que decidirlo activamente, de mirar solamente el alma del otro y, entonces, algunos detalles externos, más terrenales, se hacen poco perceptibles.

Pero cuando sucede que la pasión erótica no se transforma en amor, entonces el fuego se consume sin dejar casi huella, y la venda se nos cae dejándolo «todo» al descubierto.

«El río caudaloso y altruista de la pasión erótica es tan intenso como breve, y cuando no desemboca en las serenas aguas del amor, se desvanece, absorbido por las resecas tierras de la indiferencia.»

Como dice Eva Pierrakos en su libro *Del miedo al amor*: «La pasión del Eros nos muestra los destellos del amor, pero entre el verdadero amor y el erotismo hay un puente que no siempre se atraviesa. Cuando el erotismo no cruza, termina consumiéndose a sí mismo. Sólo el amor podría mantenerlo vivo».

Claro que no se trata de un estado permanente en el sentido que solemos darle a esa palabra, porque el amor no es una posesión, quiero decir, algo sobre lo que tenemos un título de propiedad. Aunque fuera posible «poseer» a la persona amada, si pudiéramos inscribirla como una de nuestras propiedades, aun así, no tendríamos la «posesión del amor», ya que no es posible encarcelar un sentimiento.

Pensaba en estas cosas y recordaba la peligrosa visión del matrimonio que se oculta detrás de la mítica frase «hasta que la muerte nos separe».

Mi realidad de «separada» no hacía más que confirmar la falsedad de esa mentira.

La consolidación de una pareja no es un punto de llegada, sino más bien un nuevo punto de partida. Porque el amor, creo hoy, como todo lo que está vivo, nunca permanece estático. Siempre está creciendo o muriendo, y por eso necesita cuidado y alimento siempre. Sólo ese cultivo permanente, a veces en terrenos placenteros, otras, en lugares accidentados, permite atravesar el puente del presente al futuro. Un puente que si es cuidado con esmero puede quedar siempre tendido y servir para que de vez en cuando la erótica pasión que le dio origen lo cruce haciendo que nos enamoremos, por un rato, de la persona amada.

Yo jamás podría definir acabadamente el amor, pero está claro que no es algo raro ni inalcanzable.

Puedo, por supuesto, percibir su presencia en mí y en los demás, especialmente en algunas de sus manifestaciones externas: la ternura, la compasión, la tolerancia, la comprensión, la sensación profunda de conexión con el otro y la más que llamativa vivencia de estar en sintonía con el universo mismo.

Sé también que está dentro de nosotros desde los principios de nuestra vida y que, para sentirlo, es más útil dejarlo salir que pretender forzarlo. Sé que es mucho más una cuestión de encuentro que de búsqueda, es más un tiempo de descubrir que de crear, es más un asunto de sorpresa que de logro programado, es, en fin, un tema siempre ligado a los permisos y nunca relacionado con la voluntad.

Del mismo modo que podemos impedir que la pasión crezca, pero no podemos decidir que lo haga a nuestro antojo, podemos hacer muchas cosas para cortarle el paso a nuestro enamoramiento para que no se transforme en amor, pero nada podemos hacer para empujarlo a que cruce ese puente.

Me acordé de un paciente, que en una sesión de grupo hablando sobre esto me dijo:

—Tú hablas como si en el amor fuera fácil, para cualquiera de nosotros, construir un edificio entero, protegido y amurallado que diga que no, pero imposible levantar una minúscula pared donde colgar un cartel que diga que sí. Según tu planteamiento, somos casi sumisos espectadores de lo que a nuestro corazón le pasa...

—No es solamente observar lo que nos sucede —contesté— y, de hecho, estoy segura de que con eso sólo no basta. El amor requiere, en cuanto nace, el permiso de cada uno para no morir antes de florecer.

Y sigo pensando que es así.

Nuestra activa conspiración contra el amor, aunque sea una conspiración involuntaria, es lo que en general no lo deja fluir en nosotros.

No nos atrevemos a dejar de lado nuestro ego para no correr el riesgo de quedar vulnerables ante el otro. Y entonces nos ocupamos de dinamitar cada una de esas paredes cuando apenas comienzan a levantarse, aunque en el fondo está claro para todos que si no nos arriesgamos, nunca podremos saber si el encuentro de almas ocurre, es decir, si el verdadero amor aparece.

Y era evidente que ésa era la decisión que muy por debajo de mi nivel de conciencia yo había tomado desde mi separación, la misma que había tomado, conscientemente, en aquel encuentro con Pedro, cuando todavía estaba casada con Luis.

En ese momento me había parecido desleal la simple posibilidad de darme la oportunidad de abrirme a otra persona.

¿Y Luis...? ¿A él no le había parecido desleal?

También él estaba casado conmigo cuando apareció la «pseudo señora Gracián».

Quizá no.

Los hombres en ese punto sostienen algunos principios diferentes. Si le preguntara ahora, él seguiría sosteniendo, aunque continuara con la otra, aunque conviviera con ella, que en ese momento era un asunto «sin importancia». Y si le diera tiempo, sospecho que hasta me acusaría a mí de haberle empujado a hacer de aquello algo más trascendente. ¡El muy... cretino!

Quizá no. Quizá Luis se dio cuenta de la estafa que implicaba, pero había privilegiado otras cosas.

O puede que, haciendo gala de la tan flexible moral sexual masculina, pensara que como yo no me enteraría, no había deslealtad...

Allí estaba otra vez pensando en Luis. ¿Por qué no aceptar que, fuera cual fuera la razón, lo sucedido había sucedido? ¿Cuál era la acusación que me hacía yo a mí misma? Debía de haberla, para que empezara a enfadarme con Luis.

Supongo que me reprochaba mis descuidos.

Me pareció desagradable que me tranquilizara este pensamiento, pero confieso que me alivió pensar que posiblemente era de mí de quien se sentía abandonado.

Como mi amiga Úrsula bromeaba parafraseando el decir de los místicos: «Cuando el marido está preparado... aparece la amante».

Sin embargo, por mucho que deseemos amar, si no pasamos el puente hacia amor, el Eros indefectiblemente se va. Por mucho que intentemos que la experiencia erótica no se extinga, por mucho que busquemos la receta, copiemos las formas y ensayemos los métodos para transformarla, cuanto más tratamos de forzar el amor, más se aleja.

Cualquier relación necesita tiempo para que podamos reconocer nuestra disposición y la del otro, para atrevernos a cruzar ese límite, para entregarse, conocerse y dejarse conocer. Tiempo, sobre todo, para aprender a lidiar con las diferencias (menores y de las otras) que indefectiblemente surgirán. Porque estar en pareja implica no sólo la capacidad de albergar la dulzura del amor, sino también la capacidad de enfrentar juntos las tormentas que desata la personalidad de cada uno.

Cuando estamos comenzando una relación, si esa capacidad mutua no existe, el puente hacia el amor se aleja cada vez más. Y como no lo atravesemos, cuando el erotismo, obedeciendo a su naturaleza, se consuma, la relación terminará.

Pero como yo sabía, cuando las ansias de amar quedan dentro de nosotros sin manifestarse, nuestro corazón y nuestro cuerpo empezarán a buscar a la persona que nos acompañe en el cruce hacia el amor.

Y eso, lo sabía, era algo que más tarde o más temprano iba a sucederme.

Yo no podía abrirme ni entregarme a Nicolás y se hacía cada vez más evidente que la pasión no tardaría en diluirse sin transformarse. Lo de los «hoyuelos» fue la primera llamada de atención, que mi mente entrenada percibió con rapidez. Pero luego se fueron sumando más detalles, o en verdad más distancias, como si cada uno, independientemente, fuera abandonando la búsqueda de conexión con el otro.

Y entonces fueron apareciendo las minúsculas acusaciones mutuas, los «micro reproches», como yo los llamo, y las mini revanchas, síntomas de la falta de motivación de estar juntos.

Seguramente hubo muchas otras razones para que nuestra pareja no prosperara, pero al final, el abandono de la búsqueda de conexión terminó con lo que quedaba de erotismo y con el deseo de mantenerlo vivo.

El alma humana es infinita, necesitamos abrirnos a ella, es decir, a la vida, para seguir descubriendo qué hay de nuevo dentro de uno, que más hay que descubrir en el otro. Cuando dejamos de explorar a nuestro compañero o compañera, por desinterés, por distracción o porque damos por sentado que ya lo conocemos, todo se extingue.

Ni siquiera pusimos un punto final con fecha y hora precisas.

Me sentí irreconocible.

Yo, que en otra circunstancia me hubiera sentado a conversar largamente, hasta revisar cada momento de la historia compartida, supuestamente para que cada uno se hiciera cargo de sus errores, esta vez dejé languidecer el vínculo sin esas ansiedades desmedidas que tanto espantan a los hombres.

Poco a poco fui sabiéndome sola de Nicolás. Una vivencia

muy distinta de la que había experimentado al separarme de Luis. Aquí no había ni rastro de desesperación. Por supuesto, no eran circunstancias comparables, ni en el tiempo, ni en el nivel de compromiso. Pero incluso salvando esas distancias, yo me sentía diferente; una tranquilidad desconocida me permitía dejar fluir mis sentimientos y encontrarme con los de Nicolás, con mucha naturalidad, sin presiones.

En efecto, no tuvimos una despedida, y Nicolás me lo agradeció profundamente.

Estaba alegre y sorprendido de que, por una vez, según él, una mujer con la que se terminaba un vínculo no lo sometiese a un juicio sumario donde repartir culpas y ser llenado de reproches y lecciones de «qué es lo que debería haber hecho», «en qué momento» y «de qué manera».

No quise entender ni interpretar aquella, su última frase:

—Eres tan genial y tan diferente... Esta actitud tuya, tan madura, me hace pensar que quizá debiéramos darnos otra oportunidad... Porque...

No lo dejé ni terminar. Le mentí diciéndole que ya lo hablaríamos. Yo no estaba dispuesta a retomar lo que en pocas semanas terminaría y no tan serenamente como esta vez. No estaba deprimida ni desesperada y ese «aquí y ahora» era el mejor momento para salir.

No me equivoqué; con el pasar de los días me fui sintiendo cada vez mejor, no sé si feliz, pero tranquila.

Una tarde, recuerdo que era domingo, yo estaba en casa escribiendo para el libro, recopilando artículos de la revista y ampliando los temas. Allí me di cuenta de que hacía más de un mes que no veía a Nicolás. Habíamos continuado mandándonos *mails* respecto al libro. En realidad lo habíamos pactado así desde el comienzo: los *mails* eran de trabajo; las llamadas y los mensajes de texto, personales.

Debía escribir sobre todo lo que me había estado pasando, sobre el amor, sobre la pasión y sobre el miedo a comenzar una nueva relación. Me di cuenta de que la asociación con lo que habíamos vivido Nicolás y yo sería inevitable. Nadie se daría cuenta excepto él, claro... ¿Le parecería mal?, ¿se sentiría tocado?... «Será su problema», pensé. Y empecé a escribir.

Eros y riesgo

El erotismo tiene múltiples formas, desde el ímpetu juvenil hasta la capacidad de goce de la madurez. Sin que esto impida, claro está, que exista goce en la juventud e ímpetu en la madurez. Las manifestaciones del erotismo son infinitas y personales, aunque sería más que importante no confundirlas con la mera exaltación violenta de los sentidos, ni con el puro hedonismo al que nos inducen muchas recetas contemporáneas.

Me parece que respecto del amor, por ejemplo, se siembra una peligrosa confusión, sobre todo en los más jóvenes (aunque no sólo en ellos), cuando al no sentir en sus parejas lo que se pregona socialmente que se siente cuando se ama a alguien, pierden la capacidad de palpar los sutiles signos del sentimiento y terminan refugiándose en la cárcel voluntaria más visitada en nuestra época: el aislamiento.

Lo cierto es que sin importar cuán sociables aparentemos ser, muchas veces, por dentro permanecemos recluidos y en actitud de defensa, en general por miedo a las emociones. Cuando la atracción erótica o su equivalente más platónico, el enamoramiento, aparecen, se rompe por un momento ese aislamiento y nos depositamos en la corriente de algunas de nuestras emociones largamente contenidas.

Es ingenuo pretender quedarse allí y peligroso apostar por que todo permanecerá así para siempre, pero es igual de dañino, sin embargo, que por temor a «perder el control» no nos permitamos zambullirnos en la pasión que nuestro corazón y nuestro cuerpo nos proponen.

Dicen que «donde la cabeza manda, el corazón sufre» y, ciertamente, en esta época pagamos cara la tiranía de la mente. El temor a perder la cabeza y el miedo al amor se presentan de la mano de cierta necesidad de orden para «demostrarnos» la inconveniencia de comprometernos con la vida afectiva. Entonces nos retiramos y bloqueamos el puente que conduce al amor, y lo erótico y lo pasional, aunque nos los permitamos, se extinguen rápidamente. Entonces decimos lo que hemos aprendido a decir: que ésa no era la persona que buscábamos.

Lo peor es que cuando la fuerza de la pasión rompa nuevamente el aislamiento y nos acerque a otra persona, si no hemos resuelto esta tendencia y enfrentado estos temores, volveremos a repetir la historia. De tanto recorrer el mismo camino, sin siquiera enterarnos si de alguna de esas historias podría haber nacido el amor, llegará el momento en que concluyamos que la pasión, como invitación al amor, es una búsqueda infructuosa y terminaremos alejándola también de nosotros.

Pasión y sentimiento. Recomendaciones

1. Necesitamos ser conscientes de que la fuerza erótica, el enamoramiento y el amor, en principio, se parecen, especialmente cuando hablamos de encuentros sinceros, en los que, en verdad, algo le sucede a cada uno. Es fácil confundirse sobre todo porque la pasión desde el comienzo muestra los destellos del amor al que dará lugar.

2. La única manera de averiguar si ese pasaje sucederá es dándole tiempo a la relación, permitiendo que se desarrolle. Al principio la atracción es muy grande y el enamoramiento borra las diferencias. Con el tiempo esas asincronías aparecen y con ellas se rompe la burbuja en la que estaba encerrada esa «relación ideal». Ése es paradójicamente el pri-

mer momento en el que es posible comenzar a trabajar en la construcción de una relación trascendente.

3. Hay que dar lugar al conocimiento mutuo. Promover un conocimiento real, verdadero y profundo, a la vez que observamos lo que nos sucede en el proceso de conocer más y más a la otra persona. Es bastante frecuente sentir en algún momento una pequeña decepción, atada al final de la idealización del enamoramiento. Pero no debe asustarnos ni desanimarnos. No es bueno para el vínculo decidir no seguir conociendo al otro en profundidad, por miedo a que todo se deshaga.

4. Observar este miedo y todos los miedos, los propios y los del otro. Porque el miedo es enemigo del amor y el mayor obstáculo para llegar a él. El amor traspasa todas nuestras defensas. Sin haber escuchado a Zinker todos sabemos que, como él dice, «la magia del amor consiste en que quien te ama sabe qué podría hacer para dañarte gravemente, pero nunca lo hace». Pero si confiamos en su magia, nos dejamos ser sin cuidarnos, dejando a un lado la coraza de la personalidad, que nos protege (para eso fue construida), pero que es una traba para el fluir de los mejores sentimientos.

5. Una vez traspasados los miedos básicos, el temor a fundirse, a ser absorbidos, a quedar asfixiados y a ser dañados por el otro, tendremos que enfrentarnos al apego a la persona amada, la idea de que no puedo vivir sin esa persona, el temor a su abandono. Especialmente porque anclados al miedo de la pérdida podemos terminar asfixiando al otro hasta lograr el efecto contrario al deseado o agobiarlo tratando de encontrar y pedir permanentemente la prueba que demuestre lo mucho que nos quiere.

6. Es necesario aprender a dejar atrás las expectativas y los prejuicios y suplantarlos por el interés, el genuino interés en el otro, como persona y no sólo como pareja mía. Solemos creer que nos quiere cuando el otro cumple con nuestras ex-

pectativas, es decir, cuando se comporta de la manera en que necesitamos, pero eso no suele ser la única ni la mejor evidencia de que el amor está presente. Es imprescindible hacerse lugar para escuchar y crear el clima para ser escuchado. Solamente así podremos dar lo que verdaderamente al otro le apetece y no sólo lo que a nosotros nos gustaría recibir y viceversa.

7. Aceptemos que hombres y mujeres somos diferentes a la hora de expresar nuestros sentimientos. Una mujer puede sentirse muy cómoda poniendo en palabras lo que siente, aunque es muy común que un hombre sienta que hacer explícitas sus emociones lo deja en una situación expuesta o de debilidad. Por eso no es raro que la mujer hable de lo que siente y el hombre elija otro «idioma» para expresar su amor, por ejemplo, tratando de ser solícito, útil, protector. La relación sólo puede prosperar si ambos descubren juntos la manera particular que cada uno tiene de expresar el amor. Sin esta condición no hay comunicación posible, y sin comunicar el amor, no hay vínculo trascendente...

Yo no sabía si Nicolás se iba a enfadar, pero cuando terminé de escribir me percaté de lo molesta que yo misma estaba conmigo...

No importaba cuáles ni cuántas excusas me diera, yo no me había permitido ni siquiera intentarlo.

Capítulo 15

—A lo mejor no se da por aludido —trató de tranquilizarme Sonia, después de haber leído lo que había escrito sobre el erotismo y el amor—. Además, tal vez el mensaje del artículo no esté dirigido a él...

La miré con cierto enojo, como siempre que daba en el punto justo de lo que me estaba pasando.

—Por supuesto que yo también he tenido responsabilidad, si a eso te refieres —dije abriendo el paraguas, como para que viera que estaba dispuesta a hacerme cargo—. Es verdad, muy en el fondo, he tenido miedo.

—Iba siendo hora de que lo reconocieras...

—Pero eso no quiere decir que con Nicolás hubiera funcionado.

—Desde luego que no —me dijo, y aunque percibí que me daba la razón medio como a los locos, supe que ella también creía que no funcionaría cuando añadió:

—Me gustaría que conozcas a alguien... —dijo, como de pasada, mientras ordenaba una pila de libros.

—¿Un paciente?

—No. Se llama Diego. Es un amigo de la infancia de mi hijo mayor... Cada vez que me ve se pasa todo el tiempo hablando de ti... Muy agradable el muchacho.

—No, gracias —le dije con cierto sarcasmo—. Paso, paso y paso.

Ese fin de semana, en casa, pensé en la aceptación de la soledad. De nuevo estaba sola... y sin embargo era diferente. No estaba desesperada. Mi respuesta a Sonia era la mejor prueba de ello. Me sentía bien. Ni eufórica ni deprimida. Quizá por primera vez me atrevía a aceptar la soledad sin tener que padecerla.

Abrí el ordenador y escribí:

Es domingo, estoy aquí en casa con mis hijos, ellos estudian, yo escribo.

Ayer por la tarde salí a caminar con Renata; paseamos más de una hora y al volver, en complicidad, compramos pastas para el té.

Ella estaba feliz. Yo igual.

Como ahora.

Me doy cuenta de que, cuando estoy en armonía, la soledad es un privilegio. También lo son los árboles de mi barrio, y la cercanía del río, y mi azalea floreciendo en el jardín.

Cuando la soledad era indeseada y yo la sufría, tenía lo mismo y me faltaba todo. Era yo la que no podía disfrutarlo. En esos momentos sólo existía como figura el aspecto más negro de la soledad, ese que siempre incluye la urgencia de estar con alguien (y en mi caso la necesidad de estar junto a un hombre que me ame y rellene todos mis huecos).

Hoy, muchos de esos huecos se llenan de música, de café con croissants frente al río, de palabras de Kundera, las de *La vida está en otra parte*.

Leía sintiendo que su libro expresaba, con incomparable precisión y belleza, algunas de las cosas que había vivido durante el año que pasé con Nicolás. Sobre todo en aquella frase tan hermosa que recuerdo todavía con emoción: «Mi cuerpo en su presencia dejaba de desconfiar y comenzaba sorprendido a disfrutar de sí mismo».

No todo son rosas en la vida (ni azaleas)...

Al final del domingo (o quizá debiera decir a medida que se acercaba el lunes) empecé a conectar con aquel miedo que Sonia adivinaba «muy en el fondo».

Como terapeuta sé que, dada la vulnerabilidad y la extrema dependencia con la que nacemos, el miedo debe aparecer indefectible y tempranamente en nuestra vida. Comenzando por el más ancestral y saludable de los miedos, el de la conciencia primaria de sentir amenazada nuestra existencia.

Cuando instintivamente percibimos que sólo podremos sobrevivir en el mundo si somos cuidados física, material y emocionalmente, la ausencia de nuestros esperados proveedores de todo eso debe por fuerza angustiarnos. Aprendemos muy rápido que el amor y el cuidado nos salvan y, consecuentemente, su ausencia nos asusta. En el lugar donde seguimos siendo niños, sentimos que si fuéramos rechazados por todos, moriríamos con toda seguridad.

El siguiente temor es un poco más sofisticado, pero no por eso menos primordial. Nace de una «necesidad» (en realidad una pretensión) que buscaremos satisfacer inútilmente a lo largo de toda nuestra existencia: la de ser queridos infinita, permanente e incondicionalmente.

Partiendo de este análisis un poco salvaje de la psicología perinatal, no es difícil entender por qué cuando el amor, el aprecio, la ternura o el reconocimiento no llegan de la manera, en la intensidad o en el momento en que los esperamos, se instala en nosotros el miedo a no ser queribles, suficientes o valiosos. Ese miedo a sufrir se superpone a aquel otro infantil de no poder seguir solos, con el agravante de que ya no tenemos aquella apertura ni aquella flexibilidad con la que nacimos.

Nos cerramos. Nos encapsulamos. Nos volvemos compulsivos repetidores de conductas que alguna vez fueron eficaces. Creamos estrategias para conseguir esa seguridad de la que creemos no ser merecedores. Así, por ejemplo, algunos buscan la confirmación de que son queribles a través de la aprobación constante del afuera; otros lloran o se quejan para demandar atención; muchos se dedican a someterse a lo que se espera de ellos y otros tantos, por fin, se aíslan para no enfrentarse a «la verdad» de que nadie los quiere (aunque, de todas formas, esperan en silencio que alguien les demuestre lo contrario).

De esta manera, vamos creando nuestra personalidad, una estructura construida, un disfraz, un muro que nos protege pero que, como toda defensa, también nos aísla.

Sin darnos cuenta damos paso a nuestros aspectos más neuróticos y contradictorios. Dos fuerzas entran en conflicto dentro de nosotros; una que corresponde a nuestro deseo de abrirnos, expandirnos, ser nosotros mismos y entrar en profundo contacto con la vida; otra que corresponde al disfraz, el freno, los roles aprendidos que configuran nuestra personalidad, las máscaras detrás de las cuales nos sentimos seguros.

Así llegamos a la pareja, que si bien no inaugura el miedo a sufrir, lo pone en evidencia con toda su intensidad.

Esta desagradable sensación es consecuencia, paradójicamente, de uno de los mejores atributos del amor: su capacidad de despertar nuestro auténtico ser, incluyendo el impulso de quitarnos todos los disfraces.

«Contigo puedo ser yo mismo» es la frase que todos queremos pronunciar y la que más nos deleita oír.

Cuando nos amamos crece entre los dos (y hacia afuera) la tendencia a abrirnos y mostrarnos tal cual somos.

No es que el amor nos haga tan valientes, es que su presencia rellena y sana los huecos que conectan con nuestra vulnerabilidad. Pero el miedo sigue allí, amenazante, a veces oculto y otras frenando el amor.

En lo personal, me daba cuenta de que si no conseguía librarme de los miedos, no volvería a sentir el amor, y ese precio era demasiado caro como para pagarlo sin protestar. Siempre supe que todos mis miedos derivaban finalmente de dos temores básicos: el miedo a ser abandonada y el miedo a sentirme invadida.

Con el tiempo he visto en la consulta que casi todos mis pacientes comparten esos temores, pero lo que más llama mi atención es que en las parejas es muy frecuente que en un integrante predomine el miedo al abandono y en el otro, el miedo a la invasión. En mi personal observación, durante muchísimos años confirmé que los hombres eran los que toman distancia y las mujeres las que se sentían abandonadas, aunque después, más recientemente, empecé a encontrarme con el cambio de roles. Con Luis, en un primer momento sentí miedo a que se alejara, sin duda, pero, al sentirme «abandonable», en vez de proponer un acercamiento, en lugar de estar dispuesta a todo, me había retraído, había decidido ser la que abandona y no la abandonada. Con Pedro no me había abierto por temor a la invasión. Con Nicolás no había querido amar por no exponerme a la vulnerable situación de ser la que más ama.

Pero esta máscara de fortaleza no me ayudaba demasiado. Me empujaba de la «protección» de la sartén del no sufrir a quemarme en el infierno de la peor de las soledades eternamente.

El camino real debió haber sido abrirme, respetando las posibilidades de cada uno, pero no había sido capaz de quedar expuesta y a flor de piel. Supongo, quizá para justificarme, que mi historia con Luis, siguiendo la misma metáfora, me había marcado a fuego, y yo me había quedado anclada en el miedo de volver a sentirme herida.

A veces pienso que aquello que alguna vez me pareció un signo de madurez, el hecho de no haber insistido, de haberme alejado sin palabras, no fue más que un producto de mis miedos de entonces. En aquellos momentos, me parece que nuestra historia había terminado porque los dos caímos presos del miedo. Y es que no hay alternativas; si no nos podemos mostrar tal cual somos, si no nos quitamos las máscaras, no es posible el amor, pues el otro, aunque no lo sepa, sólo amará un disfraz, mientras por dentro nos carcomerá la certeza de que no nos quiere pues no nos conoce verdaderamente.

Quitarse el disfraz es un riesgo; vivir y amar, también, pero nada de eso es comparable al dolor de no conocer el amor.

Y a eso me negaría siempre, porque si de algo estaba y estoy convencida es de que la vida no vale gran cosa sin amor.

No importan los caminos que debamos transitar ni los obstáculos que se presenten, es imprescindible sortearlos.

Y si con Nicolás no había podido ser, no iba a rendirme, aunque eso no dejaba de ser un problema. No iba a salir desesperada a la caza de un amor, ciertamente no quería convertirme en una de esas cuarentonas recién separadas que salen cual amazonas nocturnas a atrapar al menos espabilado, como si la vida les estuviera susurrando: «Ahora o nunca». No es que no me preocupara el tema de la edad. Hacía tiempo que había empezado a evidenciar sus mañas en el espejo y desde hacía varios años había hecho todo lo posible por mitigar su paso: cremas, gimnasio, medicina estética, dietas rigurosas, meditación y cuanto tratamiento incruento estuviera a mi alcance. Porque si no pasé por un quirófano fue por la más auténtica cobardía (a mí, para hacerme una radiografía tienen que perseguirme como si me fueran a realizar una amputación).

Los años pasan, por más que a veces yo y otros quisiéramos disimularlos, camuflarlos, olvidarlos...

Y para ayudarnos a recordarlo instantáneamente, ¿quiénes están? Nuestros hijos, sin duda.

Esos angelitos adorados que hemos cuidado cada día y cada noche de nuestra vida, a quienes hemos visto crecer maravillados ante los primeros dientes, las primeras palabras, los primeros pasos, el primer día de clase...

Ellos vienen con el tiempo a cuestas para mostrarnos lo que nos negamos a ver: que el tiempo transcurre inexorable.

Ellos, con su sola presencia, sin necesidad de recuerdos.

Ninguno de nuestros hijos se acuerda del primer biberón, de

sus primeros pasos, de su llanto del primer día de escuela, ni de cada uno de sus cumpleaños... Nosotros, sí.

Desde luego que la mayor parte de nuestra existencia la pasamos sumidos en la cotidianeidad, sin siquiera tomar conciencia del tiempo que hemos vivido, ni del que nos queda por vivir. Y aunque por propia voluntad uno decidiera ignorar alegremente el paso de los minutos y las horas, la vida siempre se encargaría de despertarnos, de sopetón, a la realidad del paso inevitable de los años.

Era temprano. Renata ya se había ido al colegio y yo estaba ordenando la mesa para que Adriana no lo encontrara todo hecho un desastre; mi hijo Patricio bajó de su habitación y me preguntó si podíamos hablar.

Hacía días que lo notaba algo raro, con la mirada un poco triste y bastante más huraño que de costumbre; pero que me dijera que quería conversar conmigo hizo que todas las alarmas sonaran con fuerza dentro de mí.

En un segundo me imaginé no menos de una docena de hipótesis cada vez más trágicas: quería cambiar de carrera, había perdido un año de facultad, quería dejar los estudios y dedicarse sólo al grupo, había decidido emigrar, había descubierto mi romance con Nicolás y quería darme una diatriba, una de sus novias estaba embarazada y se iban a casar, esa novia estaba embarazada y no se iban a casar, se había vuelto drogadicto, era alcohólico, tenía sida...

Quizá exageraba, pero yo sabía que mi hijo no era precisamente un monumento a la comunicación y mucho menos conmigo, así que su propuesta de tener una charla, y que no fuera a instancias mías, me pareció más el augurio de una catástrofe que una buena noticia.

—Cuando quieras —le respondí lo más rápido que pude, en medio de la ráfaga de pensamientos que a duras penas podía acallar.

—Ahora... Si tienes tiempo.

—Claro —dije mientras colgaba el paño y me sentaba a la espera de lo que a esas alturas casi imaginaba como una condena perpetua.

Tan enormes eran mi conmoción y mi curiosidad que ni siquiera recordé llamar a Sonia para avisarla de que llegaría más tarde.

Patricio comenzó con más rodeos que certezas.

Como yo suponía, el tema giraba en torno a mi relación con su padre, pero el asunto no era como yo hubiera esperado, un reclamo de explicaciones ni una colección de quejas por el dolor que le ocasionaba nuestra separación.

En absoluto.

Patricio quería detalles sobre cómo nos habíamos conocido, si yo había tenido otros novios, si alguna vez me habían dejado de querer, si había sufrido... Y cosas por el estilo, aunque, claro, todo bastante mezclado.

Yo contestaba cada pregunta, pero me daba cuenta de que le costaba llegar a lo que específicamente le había llevado a acercarse a mí.

—Por supuesto que tuve algún novio antes de conocer a tu padre —le dije, acentuando el «algún» como para que quedara claro que había sido más de uno, pero también para que supiera que no le iba a hacer un catálogo de mis parejas, si es que se podían denominar así.

—Y por supuesto que alguno me dejó... Y sufrí bastante... —dejé flotando las palabras, porque al ver cómo los ojos se le ponían vidriosos, empecé a intuir hacia dónde se encaminaba la conversación.

—Pero tú, ¿estabas enamorada? ¿Realmente enamorada?

«¡Atención!», me dije.

«¡Cuidado con lo que dices!», me advertí de inmediato.

La palabra «enamorada» en boca de mi hijo era un dato que no se me podía escapar.

En diez segundos me hice la composición de lugar que cualquier padre atento también habría esbozado:

Un hijo adolescente enamorado que acaba de ser abandonado por la que considera la mujer de su vida.

Debía andar con pies de plomo. Intentar ponerme en su lugar o, mejor aún, en mi lugar de aquellos años. Debía responderle con franqueza sobre mi historia, con el recuerdo de lo que había sido para mí aquella decepción, la primera.

—Por supuesto que estaba enamorada, o por lo menos eso pensaba... Y lloré durante días enteros hasta mojar todos los pañuelos de la casa.

Una sonrisa se dibujó en su cara, mezclada con las lágrimas que asomaban ahora claramente, mientras a mí se me hacía un nudo en la garganta y otro en el corazón, al verlo tan crecido como para sentirse enamorado y tan vulnerable como para llorar por lo que no fue.

Ahora correspondía que pudiera respetar sus emociones sin minimizarlas, pero sin desconocer lo que la vida me había enseñado.

Me contó que había comenzado su relación hacía veinte días y que ella, Lucía, de repente, lo había dejado sin darle explicaciones. Me contó que desde hacía dos días lloraba todo el tiempo, no podía dormir, estaba desesperado. Se daba cuenta, me dijo, de que había perdido a la que «sin ninguna duda» era la mujer de su vida. ¿Qué había hecho mal?

Yo sabía que le estaba sucediendo lo mismo que a todos nos había pasado alguna vez, sobre todo en la primera relación de pareja. Patricio se había enamorado del amor. Pero no lo dije, hubiera sido como restarle importancia a su sufrimiento.

En el consultorio escucho historias parecidas a la de Patricio constantemente, y no siempre en boca de adolescentes como él.

A veces uno tiene tantas ansias de amar que se empuja a imaginar en el otro lo que sea necesario para poder enamorarse. Tengamos éxito o no en la conquista, poco tiempo después, cuando descubrimos a la persona real, caemos en la cuenta de que nos hemos enamorado de la propia fantasía, que llega a caballo de nuestra urgencia de ser amados.

Son, en realidad, amores de ficción, amores inventados, vínculos imaginarios entre quien no soy y quien no eres, que nos mantienen en vilo muy brevemente, porque no tienen siquiera la energía de la pasión, sino tan sólo la de nuestra propia necesidad de creer que está sucediendo.

Pero, desde luego, no es tarea sencilla mostrar lo que se ve con tanta claridad desde afuera, en especial cuando quien padece está en carne viva y es nuestro hijo.

Fui despacio, muy poco a poco. Patricio sufría porque se le había caído su propia ilusión, aun antes de tener tiempo de saber realmente con quién estaba.

El dolor del amor de verdad es mucho más duro y más difícil de superar, pero no cabía explicarlo. Sólo me acerqué para abrazarlo y dejar que moqueara a gusto.

Cuando se serenó un poco, le dije con sinceridad:

—Te entiendo, Pato, a mí me pasó algo parecido con Brian, mi primer novio. Una tarde le llamé por teléfono y el muy cretino le pidió a su hermano que me dijera que no se iba a poner y que habíamos terminado.

—¿Sin ninguna explicación?

—Ninguna. Como Lucía.

—¿Y qué hiciste?

—Lo mismo que tú estás haciendo: llorar... Que es lo mejor que se puede hacer.

—¿Cómo me ha podido hacer esto? Te juro que no me voy a enamorar nunca más.

—Eso no es algo que puedas decidir ahora... Te cuento algo... A los tres meses me volví a enamorar como una loca y de alguien que verdaderamente me quería mucho y me lo hacía notar.

—¿Y a Brian lo odiabas? —tentó.

—No. Ni siquiera eso, Pato. Te confieso que ahora que te lo

cuento, me duele la tripa, pero no es por el desamor sino por mi orgullo herido. ¿Cómo pudo dejarme...?

—¿A los tres meses... te volviste a enamorar? —Patricio abrió los ojos enormes, como si la mera posibilidad le despertara una íntima esperanza.

—Mira, Pato, te lo digo más como mujer y terapeuta que como madre. En el inicio de toda relación amorosa hay un período muy pasional donde se mezcla mucho lo que imaginamos, lo que proyectamos y lo que esa persona es realmente. El enamoramiento es más una relación nuestra con nosotros mismos que con el otro, aunque elegimos a determinada persona para adjudicarle ese ideal. No hay que reprocharse ni lamentarlo, es una especie de ensayo antes del gran debut.

—No te entiendo. ¿Dices que yo salía conmigo y no con Lucía? —dijo Patricio rebelándose un poco ante mi metáfora musical.

—No —aclaré—. Digo que te has salido con tu ideal de mujer, con esa chica que quisiste ver en ella, aunque no lo fuera. Quizá lo peor de lo que te pasa es que la relación ha durado tan poco que no ha habido tiempo de contrastarla con la Lucía real. Me duele decirlo, pero es bastante probable que, por el momento, lo único que no coincida con tu imagen idealizada sea que ella te haya dejado.

—Pero yo la amo... —Patricio dudó otra vez—. Y también la odio... Esto me va a volver loco...

«¡Cuidado!», me dije otra vez.

—Por supuesto que eso es lo que sientes, y no hay que asustarse. Mira, tiene nombre y todo, se llama sentimiento ambivalente... Una buena manera de aprender algo de todo esto sería empezar por preguntarte cómo es ella realmente y si la conoces tanto como para juzgarla.

Patricio se quedó callado por un momento, como si necesitara responderme y responderse la pregunta con sinceridad.

—Bueno, no sé —me contestó, pero los ojos se le iluminaron

mientras la describía para sí—, lo único que te puedo decir es que cuando estaba con ella me sentía tan feliz...

—Como en un sueño —dije.

—Exactamente.

—Como si ella fuera la mujer de tus sueños... —tenté con un poco más de audacia.

—Sí —reconoció después de unos segundos—. Ahora te la enseño.

Y sin esperar respuesta trepó a su cuarto.

Mientras aguardaba me serví un café. Poco más podía decirle al menos en aquel momento. Esas relaciones tan cortas no permiten demasiada exploración. Dan ilusiones, crean expectativas, nos ponen exultantes y luego nos lanzan al sufrimiento sin escalas y sin saber realmente si amamos o estamos enamorados, o lo estuvimos, o qué. La ruptura no le había dado tiempo a Patricio de dar el salto cualitativo que supone amar al otro sin proyectar en él. «El verdadero encuentro con el otro es muy difícil», me dije, pensando en Patricio... y en mí... y en Welwood:

«El amor es sobre todo inseguro, porque las relaciones íntimas no son seguras y ésa es su naturaleza. Nos descubren, nos exponen, nos colocan frente a frente con la vida, con el poder y con el misterio de estar en contacto con algo muy diferente de nosotros: otra persona.»

Patricio volvió con media docena de fotos de Lucía.

Eran fotos de la jovencita posando seductoramente frente a una cámara web.

—Mira, mamá, ¿no es hermosa?

La mocosa parecía realmente guapa.

—Mira, mamá, mira su mirada... y su sonrisa. Ella es así, dulce y sexy, todo a la vez...

—¿Y no tienes fotos del día en que dejasteis de salir?

—Noooo... ¿Cómo se te ocurre?

145

—Pero te acuerdas... ¿Ese día también estaba tan bonita?

—¡Ah, no! Ese día parecía otra. No quisiera tener esas fotos... Tenía un gesto tan duro en la cara... Te juro que no era la Lucía que yo conocía.

—Pero era la misma.

—No estoy seguro, mamá. Me dijo cosas tan absurdas... Que yo no era como ella había pensado, que se aburría conmigo, que a mí lo único que me importaba era la música... —alzó la voz ofuscado, como si discutiera con Lucía—. Si me conoció en uno de los recitales del grupo, ¿qué esperaba? ¿Que me enloqueciera el deporte?

—Ella esperaba que fueras como te había imaginado, y cuando se empezó a dar cuenta de que eras distinto, tomó la decisión de dejarte, enfadada porque no eras como ella te inventó. A ti te pasó algo semejante: cuando dijo algo que no cuadraba con tus ilusiones, en un tono que no se correspondía con tu imagen de ella, pudiste ver su gesto adusto y escuchar sus palabras más duras, que no se ajustaban a lo que tú querías que ella fuera. No pudiste dejarla porque ya lo había hecho ella... y te conformaste con odiarla por lo que hacía.

—Pero... ¿Y si no me vuelvo a enamorar nunca más, mamá? Se me arrugó el corazón...

—Te doy mi palabra, hijo, de que eso no va a pasar. Especialmente si aprendes de este dolor, dejándolo estar el tiempo que necesite, sin asustarte y sin exagerar... ¿Sabes quién era Rabindranath Tagore?

—Un poeta hindú, ¿no?

—Sí. Escribe Tagore: «Si todas las noches lloras porque el sol no está, las lágrimas te impedirán siempre disfrutar de las estrellas».

Patricio apoyó la cabeza contra mi pecho y se abrazó a mí, con fuerza, por unos largos minutos. Después recogió las fotos, me besó en la mejilla, susurró un «gracias» y empezó a subir hacia su cuarto.

En mitad de la escalera, se giró y volvió a la sala.

Otra vez me abrazó, pero esta vez me dijo:

—¡Mamá... eres genial!

Luego subió los escalones de dos en dos y desapareció por el pasillo que daba a su habitación.

Me quedé mirándolo. Emocionada, conmovida, paralizada.

Por primera vez desde que me había separado de Luis sentí con toda certeza que todo lo que había pasado en mi matrimonio, por doloroso que fuera, había valido la pena.

CAPÍTULO 16

Cuando llegué al consultorio, ya me esperaba Estela, que a pesar de la diferencia de edad que tenía con Patricio, no había estado tan lejos de sus vivencias, aunque gracias a su terapia había avanzado bastante.

Al menos, ya no se negaba al amor. Hacía poco más de un mes que había comenzado una relación de pareja, desbaratando los mil y un mecanismos que la frenaban para enamorarse, y atravesaba ahora la etapa del fin del enamoramiento y del inseguro nacimiento del amor. Estela, como todos, trabajaba duramente para realizar el tránsito con éxito y mi tarea consistía en ayudarla a lograrlo.

—Ya sé que el mundo idílico en que vivíamos no puede durar para siempre, no soy tonta. Pero tengo miedo. Ahora veo detalles en Daniel que antes pasaba por alto, y aunque todavía no me doy cuenta de si a él le sucede lo mismo, si no le pasa, le va a pasar.

—¿Qué parte de ese mundo es el que no puede durar para siempre? —le pregunté.

—El enamoramiento, la locura sublime de vivir el uno para el otro, la etapa de deslumbramiento ciego. Y me preocupa también que haya sido tan breve. Yo me acuerdo que, de joven, estas sensaciones me duraban meses y meses. Ahora hace seis semanas que salimos y ya siento que empieza a esfumarse la magia. La desilusión es cada vez más rápida.

—Creo que podrías tomártela constructivamente, ¿no te parece?

—¿Constructivamente? Con algo que desaparece no se puede construir —replicó Estela.

—Puede ser la puerta al amor.

—No te entiendo... Lo que percibo en Daniel me desilusiona, lo mismo que con mi ex. Yo sé que es otra cosa, que no es lo mismo, que es otra relación y que lo que veo son solamente detalles sin importancia, pero los detalles se van sumando, y no me gusta. Por ejemplo, me doy cuenta de que no tenemos los mismos gustos en casi nada, ni en cine, ni en música, ni en libros, ni siquiera en el tipo de comida. Yo adoro el aire libre, la gimnasia y los deportes, y él es súper sedentario. Cuando para mí el día acaba de empezar, para él ya está terminando...

—Pero la «des-ilusión» es una gran cosa —aduje, haciendo caso omiso de la lista de diferencias que Estela tenía con Daniel—. Cuando nos deshacemos de la ilusión, es decir de la idea de lo que es el otro, comienza la real posibilidad de que el amor suceda, porque el amor sólo se da entre dos personas de carne y hueso y no entre dos ilusiones. ¿Te acuerdas del libro que proponía la necesidad de aprender a «amarse con los ojos abiertos»?

—Sí, pero... ¿y si no me gusta lo que veo?

—¿Por qué podría «no gustarte»?

—¡Porque es tan diferente! —Explicó Estela—. Últimamente me parece que somos como el agua y el aceite; me cuesta aceptarlo, pero no hay caso. Para mí el amor tiene que ser natural, un fluir perfecto, como dos piezas de un rompecabezas que encajan exactamente.

—¿Alguna vez viviste algo así?

—Yo, no. Pero me lo imagino...

—¿No será una idealización tuya del amor?

—¿Quieres decir que la perfección no existe?

—No sé si existe o no, pero sí sé que el amor, en general, da trabajo, porque no se construye de ilusiones o de sometimientos. Sólo es posible entre dos seres libres, únicos y por lo tanto diferentes. Poder albergar las diferencias es una de las cualidades del amor. Porque si el otro aceptara parecerse al papel que yo le he adjudicado, a la larga terminaría dejándolo, porque nadie puede estar en pareja con una marioneta. Sería como enamorarse frente a un espejo, pero peor. Las diferencias y la confrontación son mucho más necesarias de lo que te parece.

—Pero son duras...

—Por supuesto, entregarse al amor implica trabajo y riesgo, porque el amor pleno sólo se da entre dos personas plenas, abiertas.

—¿Y si no me gusta lo que es? —tentó de nuevo Estela.

—¿Es ésa tu verdadera preocupación?

—¿Y si no le gusto? —dijo ahora franqueándose.

—Muy bien... —le respondí festejando con sinceridad su darse cuenta—. Ése es el punto central. Para dar paso al amor es imprescindible que cada uno se conecte, se abra a sí mismo. Necesitamos estar presentes y listos para mostrarnos, sin escondernos detrás de los roles habituales que usamos. Entregarnos, confiar. Dejar de debatirnos entre el impulso de abrirnos y exponernos, y el miedo a ser dañados o desqueridos. Cuando nos abrimos al otro comienza la posibilidad de que él o ella no estén allí para nosotros. Y el primer paso es la decisión de correr ese riesgo. Ésta es la pelea secreta.

—Pero es terrible dar ese paso.

—Daniel parece haber empezado...

—No te entiendo.

—Él se está mostrando como es, aun a riesgo de que no lo aceptes, de que no lo ames. Podría elegir otro camino, no abrirse, complacerte, volverse intrigante... Cualquiera de esas actitudes podría servir para conseguir lo que quiere, es decir, ser amado. En cambio toma el camino más difícil, quizá sabiendo que es el único que puede derivar en el amor...

—¿Qué tiene de malo querer complacer al otro, si eso hace que estemos bien? Por ejemplo, cuando empezamos a salir, yo sabía, por una amiga, que a él le encantaban las pelirrojas, entonces, ¡zas!, aparecí espectacular, con esta cabellera estilo Rita Hayworth, y él está encantado...

—¿Y a ti, te gusta ese color?

Estela se quedó pensando un momento y después respondió a regañadientes:

—No me molesta... Si a él le gusta...

—A ti, ¿te gusta o no?

—Bueno, en realidad, se me complica un poco mantenerlo. No tanto por el color sino por el tipo de peinado. Yo practico natación, imagínate, el presupuesto de peluquería se me ha triplicado.

—Pero ¿te gusta?

—No —aceptó finalmente—, pero estamos en lo mismo de antes... Si me lo quito y después no es lo mismo para él, ¿qué hago?

—Estela, nadie quiere ser poseído ni ser objeto de ninguna estrategia. El amor va más allá. Como te he dicho, para llegar a él hay que mostrarse, dar ese paso ineludible. Si Daniel te va a amar, no va a ser por tu esplendorosa cabellera pelirroja. Si tú lo vas a amar no será porque él finja que adora ir al gimnasio contigo todos los días. Os vais a amar sólo si sois quienes sois y os mostráis de esa manera.

Estela se fue. Ella no estaba demasiado convencida, pero a mí me tranquilizaba darme cuenta de que, a pesar de sus resistencias, iba por buen camino. Un camino que a cualquiera le convendría recorrer, sin dudarlo, incluida yo, por supuesto.

—Te he pedido una cita en la peluquería —me dijo Sonia, cuando nos quedamos solas.

—Premeditación y alevosía —le dije, sabiendo el fin ulterior de tanto interés por mi peinado y convencida de que no me equivocaba.

Ella sonrió por lo bajo y salió del consultorio sin responderme.

Yo la seguí, sobre todo porque no me gusta que me dejen con la palabra en la boca.

—Lo has hecho a propósito —la increpé.

—Por supuesto —aceptó Sonia—. La exposición me ha parecido una excelente oportunidad para que conozcas a Diego.

Seguramente había estado aguardando esa oportunidad durante meses...

—Pero yo no quiero conocer a nadie ahora, ¿no te das cuenta? Después de lo que ha pasado con Nicolás, y por lo menos por un tiempo, no quiero volver a involucrarme con nadie.

—Ya ha pasado un tiempo... Y además conocerlo no significa involucrarte.

—No seas cínica, Sonia, por favor. Si me hablas de ese Diego todo el día... Tú y yo nos conocemos de sobra y sabes de sobra el tipo de hombre que me puede llegar a gustar.

—¿Y?

—¿Cómo que y...? Que yo no quiero.

—Se soluciona fácil.... No vayas.

Sonia me provocaba para torearme. Simplemente era obvio que no podía dejar de ir a la inauguración de la primera exposición colectiva de mi grupo de arte, donde además se colgarían algunas de mis pinturas.

En medio de la excitación, los nervios y la confusión propios de esa circunstancia, la misma Sonia me presentó al ya famoso amigo de su hijo, en una obvia actitud absolutamente no autorizada de celestina.

Hubiera querido resistirme, decirle un «hola» impersonal, agradecerle que hubiera venido y no volver a verlo nunca, aunque sólo fuera para que Sonia no se saliera con la suya... Pero era tarde, ya había caído en la trampa.

El tipo estaba allí, alto, elegante, culto, con un cierto aire intelectual de esos que me fascinan, sonriéndome y alabando con comentarios más que interesantes una de mis pinturas.

No vale la pena entrar en detalles y tampoco sabría cómo hacerlo, pero lo cierto es que aquella noche, que de por sí iba a ser mágica por la exposición de pintura, terminó siendo doblemente fascinante y explosiva, teniendo en cuenta toda la adrenalina que segregué en menos de dos horas.

Especialmente por el trabajo que me dio sortear todos los obstáculos reales e imaginarios que se me presentaron, en realidad, por mi absoluta culpa y gracias a mi estúpida costumbre de hacerme cargo de que nadie se sienta enemistado conmigo, sobre todo mis ex.

Allí estaba yo, deslumbrada por Diego, intentando que se me notase lo menos posible, recibiendo a Luis y a los chicos con mi mejor sonrisa y tratando por todos los medios evitar que cualquiera de ellos se topara con Nicolás.

Un absurdo bochorno que me sobrepasaba aunque fuera totalmente injustificado.

¿Por qué debería temer que mi ex marido, de quien me había separado hacía casi dos años, se tropezara con el que había sido protagonista de una historia del pasado, o que ambos se dieran cuenta de que no podía desviar mi mirada «del-amigo-del-hijo-de-mi-amiga»?

Con razón o sin ella, terminé la noche agotada, pero con una pequeña gran satisfacción. La exposición había sido un éxito, había conseguido preservar mi privada intimidad y, para completar, uno de mis cuadros había sido vendido a un desconocido. Ésa sí que era una alegría. Las compras de las amistades siempre me huelen más a estímulo caritativo que a verdadero aprecio por la obra.

Al día siguiente, extenuada y todo, me sentí con una extraña y alegre energía, que se profundizó aún más cuando a las doce del mediodía sonó mi móvil y yo contesté porque todavía no había comenzado la consulta.

—¿Cómo estás? —la voz del otro lado del teléfono sonó clara e inconfundible, aunque por las dudas decidí no darme por enterada.

—¿Quién habla?

—Alguien a quien le prometiste un café...

—Lo siento, no te conozco —contesté, abriendo el juego en el que supuestamente no quería entrar—. Pero si has querido decir que eres el que me prometió un café ayer, te digo que me alegra que me llames... ¿Qué tal, Diego, qué te pareció la exposición?

Después de algunos minutos de conversación, Diego y yo convinimos un encuentro para esa misma tarde.

«Demasiado pronto», me dije. Apreté los dientes pensando en Sonia. Lo de ella había sido una clara intrusión, me recordaba las confabulaciones de mi madre cuando buscaba «un candidato» para mi prima Julia que «se estaba quedando soltera». Lo mío no era menos grave, no ser capaz de respetar el *impasse* que yo misma me había propuesto. Dicen que la carne es débil, pero el alma mucho más, por lo menos la mía.

Al principio comenzamos a salir como amigos, a conocernos. Nuestra relación no tuvo la misma vertiginosidad que había vivido con Nicolás. Diego parecía querer ir despacio, con cautela, como tanteando el terreno. A mí me gustaba aquel ritmo en ese momento de mi vida, en el que mi cabeza y mi realidad compartían cierta dosis de caos.

Pero como siempre digo, lo bueno no dura para siempre. En un par de meses él mismo fue imprimiendo una velocidad y un vuelo a la relación que contradecía su propio discurso.

Por una parte, me aseguraba que no quería comprometerse, que sentía temor, que quería ir muy despacio. Por otra, me llamaba todos los días, pasábamos los fines de semana juntos e incluso nos encontrábamos dos o tres veces entre semana.

Como para demostrar sus contradicciones, un lunes, después

de un fin de semana fantástico (al que ambos coincidimos en llamar «ESE» fin de semana), me dijo que estaba un poco liado y que no me preocupara si no me llamaba durante unos días. Amagué con preguntar si pasaba algo y fue evidente que la pregunta le fastidió. He aprendido, como terapeuta, que insistir en preguntar lo que no te quieren contestar es una manera de conseguir que te mientan, así que no pregunté más. Desapareció durante ocho días, con la salvedad de una llamada el jueves para decir que el fin de semana iba a estar fuera de la ciudad por asuntos de trabajo y que llamaría el martes.

—¿Va todo bien? —le pregunté sin aclarar si le preguntaba por él o por nosotros.

—Sí —me dijo—, no te preocupes.

Y yo entendí que estaba contestando a ambas cuestiones en un solo sí.

Tal como había anticipado, el martes me llamó. Nos vimos un rato para tomar un café y quedamos para el viernes. No me contó nada sobre su semana ausente y no le pregunté. Y el reencuentro (así lo sentí) fue realmente hermoso.

La segunda vez que pasó lo mismo, dos meses después, entendí o creí entender que ésta era su manera de hacer las cosas. No se alejaba porque estuviera mal conmigo ni con la relación, tomaba distancia como una necesidad personal, como si precisara salir por un momento de la profundidad de lo que pasaba entre nosotros.

«Los hombres frente a una relación intensa suelen alejarse —me decía— sobre todo en situaciones donde los sentimientos crecen con rapidez.» Creo que no toleran tanta intensidad y necesitan retirarse, se dividen entre un fuerte deseo de estar cerca de la pareja y el de estar solos.

Lo entendía, pero de todas maneras esa suerte de danza de idas y venidas me mareaba bastante. Yo trataba de serenarme y reflexionar al respecto, para no caer presa de la ansiedad y el sobresalto que siempre me provocaba el alejamiento repentino de la persona que me acompañaba, aunque fuera esporádico. Sentía en el cuerpo algo similar a la inercia de una frenada repentina.

Un día, releyendo teoría, me topé con esa idea tan fuerte que tantas veces había utilizado en la consulta: «Tu pareja es como un maestro que está contigo para enseñarte lo que te falta aprender».

Y pensé que Diego estaba en mi vida para que yo aprendiera a vivir sin estar pendiente, a no recibir una llamada que esperaba y no torturarme pensando que había hecho algo mal.

En sus ausencias (las «borradas», como él las llamaba jugando con «burradas»), me refugiaba en la pintura, en la escritura de los artículos de la revista y en el proyecto del libro. Hasta empecé a disfrutar de ese tiempo «robado» a mi relación de pareja, sin explicaciones, sin permisos, sin condiciones.

Diego confirmaba cada letra de lo que los libros anticipan: por más que todo sea maravilloso, el hombre va a sentir la necesidad de apartarse periódicamente. John Gray lo llama la conducta de la banda elástica. Tensar la relación alejándose lo más posible, para después poder acercarse más.

Obviamente, si una mujer es capaz de aceptar ese alejamiento, el regreso se facilita. Es un momento muy difícil, porque aunque la mujer sea inteligente y sepa que «debe dar lugar al hombre para que se distancie porque si el amor lo llama, él va a volver con más ganas», siempre aparecerá el fantasma del abandono.

Todas mis pacientes preguntan frente a este planteamiento: «¿Qué pasa si el amor no lo llama a volver?».

La respuesta es fácil de encontrar y muy difícil de soportar: «Si el amor no lo llama a volver, es mejor que no vuelva».

Creo que si no fuera terapeuta disfrutaría de poder quejarme junto con mis congéneres, en la cola del supermercado, de lo verdaderamente extraños que son los hombres. Especialmente porque en Diego las rarezas incomprensibles de su condición masculina estaban potenciadas hasta el infinito. Por un lado, esa absurda necesidad de demostrar constantemente su autonomía, cuando nadie se la cuestionaba ni pretendía otra cosa. Por otro, la absurda conducta insensata de quedarse babeando junto a la mujer que les gusta, siempre que la relación no les importe, pero tomar distancia inmediatamente si perciben que el vínculo los conmueve, no sea cosa de perderse en ella... Aunque después vuelvan arrepentidos.

Y encima, el peso de esa descomunal autoexigencia que les impone su enfermiza necesidad de saber con certeza que son capaces de satisfacer a su mujer incomparablemente, a toda hora y en cada oportunidad. La perturbación es tan grande, que he visto cientos de veces a otros tantos hombres alejarse de una relación porque sospechan (sólo sospechan) que no llegan a satisfacerla a ese nivel. Todo sucede como si para el varón fuera más soportable sufrir la soledad que cargar con la culpa que le genera sentirse sexualmente insuficiente.

Hay que estar preparada para estos movimientos de los hombres.

Por supuesto que existe la dolorosa posibilidad de que la semilla del amor no haya germinado, pero no es posible saberlo de antemano. Si la semilla del amor existe, el hombre vuelve. La clave es esperar con amor, con el corazón y los ojos abiertos, sin enjuiciamientos (porque no se trata de mala voluntad); necesitan irse para recomponerse, para encontrarse consigo mismos y atreverse a sentir. Y si lo que sienten no basta, o el retorno se demora hasta el infinito, es preciso saber cuidarse y retirarse con amor y sin resentimientos.

Fue en alguno de esos fines de semana sin él, cuando me decidí a escribir sobre los inicios de una relación. Esta vez, en lugar de volcar mis experiencias utilizándolas culposamente para escribir un artículo, invertiría el proceso. Escribiría sobre el tema como forma de ayudarme en mi propia claridad.

Sábado por la mañana, sin los niños.

Sin quitarme el pijama, me puse un albornoz de paño y un par de calcetines que adoro, suaves y mullidos. Bajé a la cocina, saqué de un tarro cuatro magdalenas caseras que me había mandado la tía Berta, puse a hacer café mientras me comía una de las pastas, llené una jarra y, con el café ya hecho, me dejé llevar por la tentación de mimarme. Puse dos magdalenas más en el plato y después, arrastrando los pies, me apoltroné en el sillón del escritorio.

Encendí el ordenador y escribí:

El inicio de una nueva relación
Contacto y retirada

Cuando se establece una nueva relación donde parece que el amor asoma y el contacto se hace intenso, el entusiasmo se apodera de nosotros, nos sentimos creativos, inspirados, parece como si el otro sacara lo mejor de nosotros. La vida misma toma un nuevo color, como si el otro lograra inspirarnos. En realidad, lo que nos inspira es sentirnos llenos de amor, especialmente del propio y no tanto del que el otro nos da. Cuando llegamos a tocar nuestra fuente de amor, nos sentimos felices, se nos abre el corazón y la vida es otra. Es una cualidad nuestra. Es cierto que el otro tiene la posibilidad de pulsar en un lugar especial y hacernos despertar esa parte dormida, pero no debemos olvidar que, dormida o no, esa parte era y es nuestra.

Al iniciar una relación se abre un nuevo camino.

Sin embargo, la marcha tiene vaivenes, avances y retiradas que siguen el movimiento de las dudas y prevenciones que la historia ha ido depositando en el corazón de cada uno.

No siempre sabemos aceptar esos vaivenes, pretendemos infantilmente un andar sin sobresaltos ni retrocesos. Sin embargo, muy malo sería para nuestro futuro conseguirlo. La prosperidad de una relación depende de la manera en que encaremos esos movimientos de acercamiento y distancia, de encuentro y desencuentro, de contacto y retirada, sobre todo porque es imposible pretender que no se produzcan.

Generalizando, quizá demasiado, se podría decir que la mujer, en especial al comienzo de una relación, necesita desplegar sus mejores cualidades femeninas, la receptividad, la espera, la contención; sobre todo porque el hombre, en su actitud «masculina», necesita resolver, proveer y dar a través del hacer, lo cual sería imposible con una mujer que no supiera recibir.

En la consulta se ven muchas parejas cuyo problema principal es que la mujer no puede contenerse y tiende a comunicar todos sus sentimientos e inquietudes, en especial cuando no se siente bien. El hombre a su lado suele sentirse incómodo, no por falta de comprensión, sino porque piensa que debe hacer algo al respecto, y si no consigue producir el cambio que espera en el estado de ánimo de su mujer, se siente inútil o culpable, y todo se complica.

Afortunadamente se aprende de la convivencia, porque con el tiempo el hombre permite que aflore su parte femenina, vulnerable y contenedora, que escucha y espera, sin verse obligado a dar soluciones; y la mujer da lugar a su parte masculina, exhibiendo su independencia y su capacidad de acción.

También es difícil, al principio, aprender a convivir con los espacios privados del otro. En cualquier momento alguno de los dos puede necesitar un poco de distancia para saber que no se ha perdido en el otro, una actitud más frecuente en el hombre, pero no exclusiva de él. En general, las mujeres nos sentimos cómodas en un mar de emociones, mientras que los hombres sienten que «naufragan» en cada tormenta.

Si se toma ese retiro momentáneo como un abandono, lo que aparece es el reclamo, el reproche y la pelea, producto no de su actitud, sino de nuestro miedo previo a no ser queridos o no ser elegidos.

Sin darnos cuenta, pretendemos convertirnos en el centro de su atención sin contemplar siquiera que somos los recién llegados al mundo del otro: un mundo previo lleno de trabajo, de amigos, de hábitos y de costumbres que no desaparecen porque hayamos aparecido.

Claro está que existe la posibilidad de que una relación no prospere, que esté sucediendo otra cosa que el nacimiento de una nueva relación. Por eso, así como necesitamos desprendernos del miedo, también es preciso saber cuidarnos y para ello podemos tomar cada alejamiento como una oportunidad para ver qué nos sucede y darnos un espacio para reflexionar sobre la manera en que se está dando la relación. En esa soledad podemos ejercitar nuestra confianza, liberarnos de la necesidad de confirmación constante, para observar libremente quién es uno, quién es el otro, y desde allí elegir.

Si el amor anda rondando, el que ha necesitado la distancia volverá por su propia «decisión», con la serenidad de haber obtenido lo que necesitaba, saber que es por su «voluntad» que está allí. Sólo entonces abrirá la compuerta a su corazón que le pide otra vez intimidad e intensidad.

A medida que la relación crece, las retiradas disminuyen y es posible permanecer con confianza en la intimidad, aunque no está de más concederse, de mutuo acuerdo, espacios a los cuales «retirarse». La existencia de estos «espacios», lejos de debilitar la relación, se transforma, en las buenas parejas, en un factor que contribuye a su buena salud.

«Un mutuo acuerdo.» «La buena salud.»

Esas palabras resonaban en mí cuando apagué el ordenador.

Miré el plato vacío frente a mí y pensé:

—Debo llegar a un acuerdo con mi tía Berta para conseguir que no me mande más magdalenas, son realmente una perdición...

Capítulo 17

Si no fuera psicóloga y tuviera toda la libertad coloquial del lenguaje, no dudaría en definir a Diego como histérico, en el más vulgar sentido del término. Y que nadie se atreva a decirme que la palabrita viene de *hysteros*, es decir «útero» en griego, por lo que ningún hombre lo puede ser.

Cualquier mujer sabe qué significa un hombre histérico, y si ha pasado un tiempo como pareja de alguno, sabe también lo que es una relación esquizofrénica. Y que conste que tampoco siento vergüenza de emplear este término tan inadecuadamente, porque también cualquier mujer sabe lo que se siente subida a la montaña rusa de un hombre que va y viene, que huye y vuelve, que quiere y no quiere, que anda que sí, que no y dale que va.

Y una ahí, siendo todo lo madura que puede, tratando de entender, contener, esperar, descifrar... ante un tipo que un día le promete la luna y a la semana siguiente se va de viaje sin siquiera avisar.

Y así fue. Ni más ni menos que una previsible estupidez. Un huracán por el que me vi arrastrada a pesar de conocer al dedillo a los de su clase y cada una de sus argucias. No es excusa, pero me atrapó el corazón. Fue más hábil que yo. Se tomó todo el tiempo del mundo y me dio la mano para atravesar el puente hacia el amor, cuando yo, deseosa de que sucediera, había dejado de cuidarme. Y entonces, en medio del puente, cuando abrí mi alma como la idiota que soy, cuando sintió que yo no era ningún desafío para su narcisismo machista, me asestó el golpe, sin misericordia.

Todavía recuerdo el día después. Me desperté con una angustia espantosa, con una opresión insoportable en el pecho que no podía transformar en llanto. Era la hora de levantarme, pero yo quería seguir durmiendo o, mejor dicho, quería no tener que dejar mi cama al menos durante un par de meses...

Mirando el techo, tumbada en la cama boca arriba, conecté durante casi una hora otra vez con mi soledad. Una soledad agigantada esa mañana debido al hueco que había dejado el final de mi relación con Diego.

Claro que me dolía lo que había pasado. Me dolía y me interrumpía. Me dolía la ausencia de su presencia y me interrumpía la presencia de su ausencia, como decimos los psicólogos.

Era absurdo. Habíamos ido al cine, él me había tenido la mano agarrada durante toda la película y yo había sentido una energía increíble. Al llegar a casa nos dimos un beso, como cada vez que nos despedíamos...

Y al día siguiente desapareció.

Sí, así, sin más.

Se esfumó.

Esperé noticias suyas durante diez días, luego lo busqué durante una semana y después toda la tarde de un sábado.

No tuve manera de encontrarlo hasta que un mes más tarde, finalmente un domingo por la mañana, me llamó por teléfono.

Cuando le pedí una explicación que creía merecer sobre su ausencia inesperada, su respuesta sonó calma y fría como un estilete:

—Así no, Irene —dijo—, así no....

Como si lo que había pasado entre nosotros durante los meses de nuestra relación hubiera sido producto de mi imaginación.

Me llamaba, según dijo, para aclarar que entre nosotros no había compromiso, que él tenía todo el derecho y la libertad de desaparecer, de no responder a mis llamadas, de no querer siquiera saber de mí, y que los mismos derechos tenía yo, porque ése era nuestro pacto, implícito y explícito. Un pacto que, según él, yo había suscrito libremente y que ahora pretendía modificar de manera unilateral.

Por supuesto que no me dejé intimidar ni caí en su trampa, que no era otra que la de pretender involucrarme en una discusión para comenzar el juego una vez más.

Yo le mostraría punto por punto sus contradicciones, la otra cara de nuestra relación y la mucha falta que me hacía.

Y él diría que nos encontráramos para hablarlo.

Terminaríamos haciendo el amor, con su puerta de entrada y salida cada vez más abierta.

De eso nada.

A esas alturas yo ya había tenido suficiente con sus jueguecitos. La contención, la comprensión y el ponerme en el lugar del otro, literalmente, se fueron al diablo y decidí que esa vez no se iba a encontrar más que con su espejo, por lo que respiré profundamente y le respondí lo que menos se imaginaba:

—Estoy totalmente de acuerdo contigo, ¡así... no!

Se quedó mudo durante más de un minuto, lo que podría haber sacado de quicio a cualquiera, menos a una psicóloga como yo, acostumbrada a lidiar con los silencios estratégicos. Esperaba que yo hablara, pero no le daría el gusto. Yo le había quitado el poder de hacerme actuar.

—Lo lamento —dijo al fin.

Era casi una disculpa, pero no bastaba.

Siguió un nuevo silencio que esperaba de mí la propuesta de un encuentro, pero no tuvo éxito.

—Adiós, Diego, gracias por llamar... porque no me hubiera perdonado quedarme pensando que eras una mala persona y después enterarme de que en realidad habías muerto en un accidente. Ya he aprendido, ha sido doloroso, pero no tiene sentido intentar cambiar a nadie.

«Te retiro mi alma», pensé y colgué feliz, con una sonrisa. Había aprendido a cuidarme.

Con más claridad que nunca me daba cuenta de que no tenía sentido seguir apostando por esa clase de relaciones. No se trataba solamente de darme un tiempo, se trataba de darme un valor.

Cientos de veces, mis pacientes vienen a la consulta diciendo que están en un vínculo «ideal». Mucha química, mucha afinidad y sobre todo ningún compromiso de futuro, ningún plan a medio plazo; cada uno desarrolla una vida fuertemente independiente sin derecho a reclamaciones.

Al principio así sucede, todo es divertido y placentero. El otro es una amiga o un conocido con quien me llevo bien y que me brinda una escucha atenta, un poco de seducción y el mutuo disfrute de una buena cama.

Sin embargo, el final es siempre el mismo. Alguno de los dos, él o ella, termina enamorándose o al menos sintiéndose más atraído que el otro, y entonces empieza el problema, agravado porque no puede denunciarlo, ya que no forma parte de lo acordado. Sabe que si lo hace seguramente espantará a su acompañante.

Las ventajas iniciales de la relación *light* se evaporan y el vínculo se convierte en una tortura para el que se ha ilusionado de más y para el que hubiera pretendido algo menos.

Claro que uno se puede cuidar para que esto no le suceda, tratando de mantener siempre una distancia que impida intimar. Pero como siempre ocurre, cada solución trae un problema. Si se pone tanta distancia y tanto límite, esto enfría el vínculo, alejando el peligro y con él también la diversión y el placer que originalmente eran motivo de la relación.

Ahora pienso que la situación más desagradable se presenta cuando uno de los dos propone (quizá honestamente) una relación *light* y el otro la acepta «porque qué tiene de malo un poco de diversión». Y sin embargo, en el fondo, está necesitando algo más profundo que un par de revolcones. Yo me había enredado en esa odiosa situación. Era evidente, dado mi dolor, que había estado buscando algo más, y que cuando inevitablemente me di cuenta de que este tipo de relación no me servía, ya estaba suficientemente involucrada como para sufrir por la ruptura más de lo que Diego merecía.

Tenía que ocuparme de trabajar la falta de cuidado de mí misma. En última instancia, no toda la responsabilidad era de él. Cualquiera que se tome demasiado seriamente las frases que incluyen la palabra amor en las primeras cuarenta y ocho horas, está decidiendo entrar en un juego peligroso.

Cuidarme no es desconfiar, es hacer lugar a mis alertas interiores, apostar por mi capacidad de ver lo que hay, me guste o no lo que veo.

A media mañana, Sonia, que a esas alturas se sentía bastante culpable de habérmelo presentado, me vino a buscar para dar un paseo y sentarnos a tomar un café cerquita del agua, como tantas otras veces.

Delante de nuestro café, Sonia intentó pedirme que le perdonara la travesura, pero yo le resté importancia. Me había dado cuenta de que podía enfadarme con varias personas por lo sucedido, pero sobre todo conmigo.

—¿Sabes qué pasa, Sonia? Que siempre me quedo enganchada en lo que hace el otro. Y no es que niegue lo que el otro hace, pero ¿cuál es mi parte en esta historia? Va siendo hora de que deje de enfadarme con los demás por todo lo que me sucede... Necesito descubrir qué y cuánto es lo mío.

—Entiendo, Irene. Cuando yo me separé, mi primera gran batalla no fue contra el que había sido mi marido, sino contra la sensación de que no iba a poder con lo que seguía... —Sonia sonaba verdaderamente acongojada—. La tentación de quedarme en el papel de víctima era muy grande. La culpa es del otro y yo no tengo nada que ver, salvo preguntarme y preguntarme por qué ha tenido ese comportamiento conmigo.

—Es cierto, Sonia —le dije—, pero en esta situación, lo que

me sorprende es que el dolor de su partida no tiene relación con la magnitud de mis sentimientos... Es raro.

—Tal vez es más la herida del orgullo. El golpe a tu vanidad... Se fue de golpe, sin avisarte, sin darte tiempo a nada...

—Mi asociación me congeló... Sin avisarme... Ni darme tiempo a nada...

Se había ido así, tan de improviso, sin decir nada, sin despedirse...

Un día, muchos años atrás, saludé a mi padre en el pasillo. Llevaba puesta una camisa turquesa.

Todavía recuerdo su sonrisa y su alegría, se iba a ver a su hermana que vivía en Bariloche.

Salí para la facultad y cuando regresé supe que había tenido un accidente en la carretera y que había muerto en el acto.

Así de golpe.

No tuve tiempo de prepararme. Se fue sin despedirse.

La angustia me doblaba.

Mi padre se marchó de mi vida sin un adiós.

Seguramente me defendí como pude, y lo hice bien, porque hasta ese momento nunca me había dado cuenta de que aquella desaparición imprevisible había dejado una herida abierta.

Ahora entendía la ironía que le había soltado a Diego: «No quiero enterarme de pronto que has muerto...».

Aquella misma angustia regresaba, la voz de una niña desde adentro gritaba: «No me dejes así, no te vayas sin despedirte».

Aunque la circunstancia fuera completamente diferente, la partida de Diego había abierto la puerta a viejas emociones asociadas a esa pérdida. Como si necesitara volver a sentir lo que había escondido durante tantos años.

—Comienzo a ver claro —le dije a Sonia, mientras las lágrimas asomaban en mis ojos—. No se trata de Diego. Él es menos que una anécdota en mi vida. Es su partida abrupta la que misteriosamente me ha conectado con aquellas sensaciones de dolor e impotencia que me dejó la muerte de papá.

La mente tiene esos recovecos incomprensibles. Un hecho trascendente se asocia a otro nimio y viceversa. Nunca sabría por qué ese recuerdo se volvió a instalar en ese preciso momento, pero estaba pasando y yo lloraba al lado de Sonia, que me abrazaba. El llanto fluía, y con cada lágrima yo iba entendiendo más y más que no lloraba su partida. No se trataba de él, se trataba de mí y de mi dificultad para enfrentar situaciones como ésas.

Esta visión y poder llorar me ayudaron a comprender, a ponerme en paz conmigo y a retirar mi deseo de resolver con Diego lo que no era suyo. Y allí mismo dejé de añorarlo.

Por supuesto que siempre hay dolor cuando algo se trunca y existe la necesidad saludable de hacer un duelo, pero si el dolor se prolonga o su intensidad claramente no se corresponde con la pérdida, cabe preguntarse qué cosa de nuestra historia está en medio.

A pesar de lo sucedido, o quizá debido a ello, cuando Sonia se fue me quedé pensando que tenía que dejar de centrarme tanto en el pasado, en los motivos, en las causas. Quizá sería más positivo para mí enfocarme en el futuro. En todo caso, trabajar para cerrar heridas, pero con la intención de prepararme para una vida mejor.

Tenía a mi disposición la excusa y la oportunidad perfecta. Debía ocuparme de un artículo para *Nueva Mirada*. ¿Por qué no escribir sobre la preparación del alma para la llegada de un nuevo amor?

El amor después del amor

Cuando experimentamos la herida de una separación, un dolor profundo se apodera de nosotros, por lo que solemos cerrarnos y tomar distancia del amor. Pero tarde o temprano, y aunque sea a pesar nuestro, el ansia de volver a amar aparece nuevamente y con ella la posibilidad de nuevas relaciones. Sin embargo, si el sufrimiento fue mucho, nada será igual. La experiencia del dolor ha quedado inscrita en el cuerpo y el miedo a sentirlo nuevamente nos vuelve —sin que lo advirtamos— distantes, cerrados, desconfiados.

Dudamos del otro, pero también de nosotros mismos, tememos que aparezcan nuestros antiguos patrones de conducta, esas viejas actitudes que de antemano sabemos que no funcionarán y que, sin embargo, no podemos evitar. Es importante recordar que cada relación es una nueva oportunidad para resolver viejos problemas. En la intimidad, vemos con claridad los temas del otro, exactamente con la misma claridad que él o ella ven los nuestros. Si sabemos mirar, en la pareja hay un aprendizaje forzoso del otro, y justamente por eso podemos llegar a conocer mucho de nosotros mismos. Los conflictos de pareja muestran nuestros puntos vulnerables. Por eso, si lo sabemos aprovechar, cada pareja nos brinda la ocasión de conocernos y madurar.

Cuando uno se da cuenta de esto, siente la tentación de cerrarse al amor. Porque el desafío de abrirse a él conlleva las posibilidades y las dificultades de cualquier camino de crecimiento. Nos proponemos quedarnos andando en círculos entre los telones grises de nuestro mundo «seguro», pero pronto nos olvidamos del miedo y, empujados por nuestro deseo de sabernos vivos, volvemos a intentarlo.

Siempre hay dos opciones existenciales: estamos en el amor o estamos en el miedo.

Cuando estamos instalados en el miedo, tememos ser heridos y el corazón se cierra, el ego toma el control y queremos un disfrute sin riesgos. Nos volvemos posesivos, queremos todo de todos, que nos contengan, que nos tengan en cuenta permanentemente, que no nos sofoquen ni manipulen.

Queremos, queremos y queremos; y hasta nuestro dar es evaluado según lo que hemos de recibir.

Cuando uno se separa de la historia actual y puede observar la manera en que el miedo trabaja, en esa acción se gana conciencia y el miedo afloja.

Por ejemplo, existe la tendencia a creer que es el otro el que «nos da» su amor.

Sin embargo, en la práctica, el otro sólo es un espejo del amor que damos.

Desde este punto de vista amar es encontrar al ser que es capaz de reflejar el amor que irradiamos.

Pero si no nos damos cuenta de que el otro es sólo nuestro espejo, cuando la separación ocurre, nos aterramos al creer que al irse el otro se lleva nuestra capacidad de amar, aunque eso sea tan absurdo como pensar que me rompo en pedazos si alguien destruye el espejo en el que me estoy mirando.

Al saber que mi capacidad de amar es mía y nadie puede llevársela, uno de los miedos frente a su partida desaparece.

El miedo tiene mucho poder, sobre todo cuando no es consciente, y por eso conocer y aceptar nuestros temores nos ayuda a desatarlos.

No hay manera de saber de antemano cómo va a funcionar una relación, ni de calcular si va a perdurar toda la vida, pero se puede ayudar a que así sea, se consigue entregándonos a lo que hay, sin exigencias, sin expectativas.

No es fácil.

Hemos sido heridos y no queremos que vuelva a suceder, y para evitarlo tenemos ideas, estrategias y expectativas acerca de cómo debe ser nuestra próxima relación. Nos volvemos rígidos, exigentes y no dejamos que la relación fluya en forma natural. Queremos «empujar el río» para que corra por donde decidimos que nos conviene, y entonces la relación se vuelve forzada y sin libertad.

El tiempo y la capacidad de amar

Si el amor gana sobre el miedo, si sabemos mirarnos y nos dejamos mirar, tendremos la mejor ocasión de madurar, y así nuestra capacidad de amar podrá ir en aumento.

A medida que crecemos, dejamos atrás la manera de enamorarnos de los veinte años. Quizá quede atrás algo de locura, pero pueden abrirse paso la profundidad y la madurez, una madurez necesaria para que, sin dejar de buscar un amor perfecto, seamos capaces de disfrutar de un amor real, entre personas reales.

Más que a una columna periodística, lo escrito se parecía a un conjunto de deseos y bienaventuranzas. «Pero no está mal —me dije—. También los lectores de la revista pueden sentir la necesidad de enfrentarse al fantasma de la desesperanza y apostar después por el amor.»

En cuanto guardé el documento sonó el teléfono. La secretaria de la galería donde habíamos hecho la exposición me llamaba para avisarme de que otro de mis cuadros se había vendido.

Una de cal y otra de arena, decía siempre mi padre cuando lo bueno y lo peor se juntaban en un instante. Muchos años después, Luis me explicó que lo bueno era la cal, blanca y suave, contra la aspereza de la arena.

«Como en el amor —pensé—, a veces uno no sabe qué es lo bueno y qué no lo es.»

Capítulo 18

Durante los siguientes seis meses y con excepción de la consulta, que trataba de mantener en «flujo controlado», mi vida se volvió casi ermitaña. Salía poco, llegaba a casa temprano y ni siquiera me daba el tiempo para los encuentros semanales con algunas amigas. Cuando pienso ahora que en ese tiempo no pisé un teatro y fui solamente una vez a un cine (para acompañar a Renata) me cuesta creerlo.

Lo que sucedía es que cada minuto libre del que podía disponer lo dedicaba a pintar y a leer sobre arte.

Las dos pinturas vendidas habían estimulado mi autoestima y potenciado mi vocación, empujándome a continuar en ese camino de búsqueda interior que había iniciado con mi divorcio.

Si bien me gustaba mi profesión, y me gusta aún, pintar me daba la posibilidad de expresarme sin palabras, a través de formas y colores, muchas veces sin más sentido que el nacido de mi propia paleta, tal vez comunicada directamente con lo más escondido de mi mente, que cada vez se permitía ser más y más libre.

Libre para hacer y sentir.

Libre para conectarme conmigo misma tan lejos y tan profundamente como quisiera.

Libre para aceptar sin resistirme a esas raras coincidencias y sincronías que suelen aparecer cuando estamos más abiertos a ellas.

Fue sin lugar a dudas una llamativa coincidencia el que, justamente el día en que me decidí finalmente a llamar a Nicolás Mendigur, él aprovechara para invitarme a una conferencia que daría esa misma noche Roberto Andrade, el fotógrafo cuyo libro *Plano inclinado* me había gustado tanto.

Escuché la invitación con algunos reparos, ya que siempre pensé que es mejor conocer a un artista por su obra que escuchar lo que tiene que contar sobre ella, pero el hecho de no tener planes para después del consultorio, y un par de comentarios de Nicolás que despertaron mi curiosidad, me ayudaron a aceptar. Al parecer, en un alarde excéntrico, Andrade había decidido referirse a una sola de las fotografías del libro y había llamado al encuentro «el punto de partida de mi vida como artista».

Camino de la sala de presentación sentí la certeza indudable, sin ningún asidero en la realidad, de que la fotografía en cuestión no sería otra que la de la escalinata de la Facultad de Derecho; aquella que me había impactado en la exposición, la misma que me había retrotraído a los tiempos de mi primera elección difícil en la vida y ésa que de muchas formas me había dado el coraje de volver a mí misma.

Mi excitación crecía minuto a minuto, como si mi absurda profecía tuviese verdaderamente alguna importancia. Debía tenerla para mí, porque apenas llegué al salón y antes de que Andrade apareciera en el escenario, me acerqué a hablar con Nicolás, como para convertirlo en testigo involuntario de mi intuición premonitoria:

—He venido porque no me quiero perder nada sobre la foto de la facultad...

—¿Qué? —me preguntó Nicolás tratando de disimular su sorpresa.

—Lo que me dijiste, que solamente va a referirse a una fotografía...

—Sí. Una. Pero nadie sabe cuál ha elegido —adujo cada vez más consternado—, no veo por qué supones que sea ésa en particular.

—Yo tampoco sé por qué, pero no tengas dudas, va a hablar de ésa, te apuesto lo que quieras —concluí asustándolo cada vez un poco más.

No sé qué pensaría Nicolás en ese momento, pero sí recuerdo lo que me sucedió a mí cuando el mismísimo Andrade comenzó su exposición y apareció, a sus espaldas, una imagen enorme de la mencionada escalinata. Yo supe de inmediato que aquel hombre que hablaba pausada y tranquilamente del día en que bajó esa escalinata después de su examen final de Derecho Procesal, jurando que jamás volvería a subir por ella, aquel hombre tenía algo para mí.

Él seguía hablando. Creo que tenía una voz bonita, pero yo cerré los ojos y dejé de escuchar lo que decía.

Desde mi adolescencia no me permitía esas cosas. Estar en un sitio y «volar» sin permiso a un sueño, a una visión, a un lugar imaginario.

De golpe, yo estaba otra vez de pie congelada ante aquellos peldaños y él, Andrade, bajaba corriendo la escalera, me tomaba de la mano y me decía que nos fuéramos juntos a donde la vida nos llevara.

Una verdadera locura adolescente. Pero ¿por qué habría que prestarle menos atención a una locura ocasional que a cualquier pensamiento razonable, cotidiano y previsible?

Voy a llamarlo ahora fascinación, especialmente porque no encuentro, ni encontré en aquel momento, otra palabra para describir lo que me pasaba. Y la fascinación es así, aparece sin pedir permiso, sucede de golpe y se instala sin siquiera avisar.

El problema, lógicamente, lo tenía yo. Consistía en descubrir cómo le iba a hacer saber a aquel hombre lo que me había pasado (porque estaba clarísimo que debía hacérselo saber).

Pero lo dicho, la sincronía prefiere a los que pueden aceptarla. No fue necesario pensar demasiado en estrategias, porque ni bien concluyó la conferencia, Roberto Andrade caminó hacia donde yo estaba para saludar a su editor y, según me confesó más tarde, para conocerme.

Increíblemente, y antes de que yo dijera nada, dijo que mi mirada lo había fascinado (usó esa mismísima palabra) desde el mismo instante en que me descubrió en la sala.

Podría jurar que Nicolás no prestó atención al fugaz encuentro entre Andrade y yo, pero para completar una noche llena de sincronía me dijo antes de irse:

—Deberías dedicar un capítulo entero de tu libro al tema del enamoramiento y los primeros tiempos de las buenas relaciones. Si decides hacerlo quisiera que me lo anticipes, estoy muy interesado en saber qué opinas.

—¿Interés meramente editorial? —le pregunté con toda la intención de que se supiera descubierto.

—No... —me confesó Nicolás, mientras le brillaban los ojos—. Espero que no.

—¿Enamorándote?

—Como loco... —me respondió.

—Me alegro mucho —le dije, y era sincera.

Siempre he soñado con encontrar la pareja ideal, y aunque no se me escapa la contradicción lingüística del planteamiento, sigo apostando por esa búsqueda.

No es la única contradicción...

Cada vez que he conocido a un hombre, me he sentido atraída por todas las características que lo definen como una persona muy distinta de mí. Esas diferencias eran lo mejor que nos pasaba, a ambos, aunque luego se deba aprender a convivir, tolerar, compatibilizar y complementar nuestras respectivas maneras de ser, que son también las principales causas de nuestros desencuentros.

Así me pasó con Luis.

Con él lo logramos durante bastante tiempo.

Pudimos llevar adelante ese intercambio enriquecedor que sólo puede ocurrir entre dos que no coinciden.

Con Luis confirmé que es en la pareja donde mejor nos podemos descubrir, y por eso mi deseo de estar junto a alguien no había desaparecido de mi vida, ni siquiera en los momentos en que sabía que no era lo mejor para mí.

Por eso, cuando conocí a Roberto sentí que mi vida, toda mi vida, retomaba el rumbo correcto y comencé a experimentar una euforia que me llevaba más allá de la felicidad.

Fue su manera de mirarme lo que me condujo, poco a poco, a esa euforia. Yo sentía el verdadero amor en sus ojos, aun antes de que empezara a decirme que me quería.

Como debía ser, y como yo hubiera querido que sucediera, lo que en principio fue la irrupción de la pasión más absoluta se transformó en pocos meses en amor del bueno. Un amor que fluía con una naturalidad más que asombrosa, al menos para mí.

Yo había aprendido varias lecciones y no estaba dispuesta a desaprovecharlas. Más me valía estar preparada y atenta, porque esta vez sí quería construir una buena relación. Había señales claras de que esta historia era distinta. Algo en mi interior me decía que aquél podía ser el verdadero encuentro de mi vida y lo último que quería era desaprovechar la oportunidad que se me presentaba.

Por eso y a pesar del momento espléndido que vivía, no me dejé estar. Aunque la magia del amor me tuviera todavía entre sus brazos, debía reflexionar sobre la posibilidad de que un día no estuviera. Y para eso, desde luego, nuevamente pensé en la columna de la revista.

¿Quiénes mejor que mis lectores habituales podrían comprender mi pensamiento?

La magia en la pareja

La magia siempre será un misterio, si no no sería magia. Y en la pareja lo es aún más. Mucho se ha hablado, intentado y propuesto, pero lo cierto es que no existe una fórmula para producirla, ni manera de describirla. Sólo la conoce aquel que la ha experimentado, como si fuera algo que se da o no se da, casi independientemente de lo que hagamos.

Sin embargo, como siempre, hay algo que sí podemos hacer: reconocerla, remover aquellas trabas que empequeñecen la magia hasta hacerla desaparecer y por supuesto disfrutar de ella.

Remover obstáculos es cuidar la magia y es absolutamente necesario hacerlo, porque su presencia es tan sutil y transparente que en cuanto aparecen grietas en la pareja se escurre sin que nos demos cuenta.

Me acuerdo ahora de los baobabs y el Principito: «Hay que mantener tu casa libre de arbustos indeseables, si uno se descuida pueden crecer y crecer hasta destruir tu planeta».

¿Pero cómo reconocer los arbustos peligrosos si a veces parecen rosales? ¿Cómo reconocer las grietas apenas se producen?

Cuando Marcos y Cecilia se conocieron, se sintieron inmediatamente atraídos el uno por el otro, especialmente por lo diferentes que eran entonces. Ella me decía: «Me fascina la paz interior que él tiene y que a mí me resulta tan difícil de lograr». Ella era impulsiva y tenía a veces una exagerada tendencia a la acción; él era efectivamente más tranquilo, receptivo, calmado. Juntos se complementaban. Él podía hacer cosas que ella no conseguía y viceversa. «El nuestro fue un encuentro mágico —me decía ella—, los dos cómodos, a pesar de nuestras diferencias, los dos abiertos a aprender del otro, los dos plenamente comprometidos con ese aprendizaje y con desarrollar esas características y aptitudes que al otro le resultaban sencillas y naturales.»

«Con el tiempo aparecieron los problemas —me dijo Cecilia—; esas diferencias que al principio me sorprendían y hasta fascinaban comenzaron a molestarme. Quizá sea mi culpa, por no haber sido capaz de aprender a estar. No he sido capaz de desarrollar mi capacidad para permanecer receptiva y tranquila. Parece que sólo soy capaz de mantenerme en la acción y seguir mis impulsos. Parece que Marcos siempre está quieto, esperando sin ninguna prisa.»

Ella se sentía mal y otro tanto le pasaba a Marcos. El amor estaba intacto, pero la magia se extinguía. Se había escapado por la grieta de no querer amparar al otro cuando aparecía siendo quien era.

Y por supuesto, cuanto más se reprochaban, la grieta más se abría y la magia se fugaba por ella, hasta que un día... desapareció.

La manera de cerrar la grieta no pasa, sin duda, por pedirle al otro la imposible tarea de que deje de ser quien es, sino por reconocer que cuando algo me molesta mucho en el otro, esto se relaciona con algún aspecto mío con el que tengo dificultad. Si alcanzamos a reconocer esto, nos daremos cuenta de que la pelea externa es una muestra de una pelea interna.

Cecilia acusa a Marcos de inactivo, pero si se pone una mano en el corazón se dará cuenta de que, en realidad, envidia esa calma que ella no tiene y que tanto necesita. Que Marcos la tenga así, naturalmente y sin esfuerzo, le recuerda a cada momento lo que le falta, y eso pasó de ser solamente un motivo de atracción a ser también una molestia.

Cuando la grieta se produce, cada integrante de la pareja comienza a ver en aquel que antes lo completaba el rostro de un enemigo.

¿Cómo se sale, si es que hay salida?

Si somos lo suficientemente valientes como para reconocer esta situación, podríamos convertir al otro en un maestro en lugar de un enemigo. Si sabemos mirarlo de esta forma, la magia puede volver y los conflictos pueden convertirse en una señal dolorosa, pero positiva, de los aspectos que cada uno tiene que desarrollar.

Los conflictos de pareja siempre son un espejo donde podemos ver nuestras partes negadas.

Osho habla de lo mismo cuando dice que ver nuestros problemas directamente es muy difícil, porque en el fondo cada uno de nosotros es un profundo enigma, pero es muy fácil vernos en el otro.

Como siempre decimos los terapeutas, la relación de pareja es uno de los más fieles espejos en los que mirarnos. Y añado yo, y por eso mismo también el mejor y el más cruel de los espejos.

Nos enfadamos con el espejo porque la imagen que nos devuelve no nos gusta: «Eres tú el que me haces horrible».

Nos enfadamos con el que da la noticia que no queremos recibir; quisiéramos actuar como Calígula, matando al mensajero, como si con eso consiguiéramos que la mala noticia desapareciera.

Cuando estamos en pareja, la mirada del otro nos hace saber que esa parte de nosotros que detestamos sigue allí, aunque nos neguemos a verla.

Para «re-encontrar» la magia o para que nunca desaparezca es imprescindible fabricar el clima interno y externo que nos permita abrirnos, enfrentándonos al miedo que nos da encontrarnos con lo que tememos. Llegar a lo más profundo de nosotros resulta sumamente difícil si el ajetreo cotidiano no nos da respiro, y más aún, si desconfiamos de la actitud que tendrá nuestra pareja cuando nos vea sin disfraces ni defensas.

Pero demasiadas veces no nos damos esa oportunidad, como si no pudiésemos evitar que el mundo acelerado en el que vivimos nos atrape, monopolizando las veinticuatro horas de cada día. Necesitamos priorizar algún tiempo para nuestra pareja, un intervalo, por pequeño que sea. ¿Has estado con tu pareja en algún momento de este día? No hace falta que sea algún momento especial, puede ser un simple desayuno, sólo se necesita la condición de haber estado «realmente» juntos y «comunicados». De todas las palabras que habéis intercambiado en la última semana, ¿cuántas habéis dedicado a hablar de vosotros y cuántas a resolver coyunturas, quejaros del trabajo o de la mala conducta de los niños? ¿Cuánto hace que no vais a cenar o a tomar el té o a pasear solos, sin ninguna razón más que la de compartir tiempo juntos?

Te propongo una tarea: piensa en un aspecto que no te guste de ti mismo y que se convierte en fuente de conflicto con tu pareja.

¿Cómo te sentaría que tu compañero o compañera quisiera ayudarte con eso?

El primer paso para ello sería hablarle sinceramente y con tiempo acerca de ese aspecto, admitiendo que ésa es un área con la que tienes dificultad y contarle que te gustaría recibir su ayuda. Para eso deberías escuchar tus reales necesidades internas y atreverte a mostrarlas sin manipulaciones, sin imponer una respuesta ni reprocharte esa conducta.

Podrías dar un paso más y mostrarle de qué manera crees que podría ayudarte y atender a lo que le sucede con esa petición. Es decir, ¿serás capaz de recibir su ayuda sin descalificaciones ni excusas?

Por último, ¿podrías ofrecerle el mismo favor que te ha dado?

La idea es abrirse mutuamente a los aspectos difíciles de cada uno, sin peleas y apelando a la valentía de mostrar las partes vulnerables para pedir ayuda en lugar de levantar muros de defensa. Cuando las partes «débiles» de dos que discuten consiguen conectarse y comprenderse, crece la confianza y cada uno puede ser el maestro del otro, allanando el camino para que la mágica conexión de almas aparezca.

Desde luego que después de ponerlo por escrito me sentí más preparada que nunca para conseguir que mi relación con Roberto pudiera sobrevivir con éxito a todos los vaivenes y pasar sin daños por todas las turbulencias.

Capítulo 19

Por más que vivamos planificando y pretendiendo controlarnos a nosotros mismos y a nuestro entorno, nada suele suceder como esperamos. Este hecho es tan verificable en la realidad que se parece más a una verdad de Perogrullo que a un pensamiento ni siquiera parecido al intelectual. Y sin embargo, yo, a mi edad, actúo, vivo y siento como si las cosas no fueran así.

Mi relación con Roberto no sólo creció con los meses, sino que se agigantó. Patricio y Renata, al principio algo medrosos, bajaron después las vallas de protección y se aproximaron a él sin prejuicios ni temores. Las afinidades entre los tres no se hicieron esperar y en verdad me sorprendieron. Aquel hombre de mediana edad, sin hijos por decisión propia (según decía para no someter a nadie a su desarraigo permanente), se reveló como un compañero inmejorable, un sabio consejero y una especie de tío amigable y compinche, pero siempre atento a los límites.

Así las cosas, la aceptación de la relación por parte de Luis vino a cerrar un cuadro que me parecía simplemente perfecto.

Como era de esperar, no fue necesario que me sentara con él a hablarle de mi nueva relación. Patricio y Renata se encargaron, cuando estuvieron convencidos de que la relación prosperaba, de darle a su padre pelos y señales. Luis es un caballero y un excelente padre, así que no sólo les dijo que se alegraba por mí, sino que les pidió que trataran de ayudarme para que también yo pudiera manejar mejor aquella situación nueva y disfrutarla mucho.

El año se fue, inexorable e inmejorable.

Vivíamos en esa pareja ideal que yo tanto soñaba. Habitábamos durante la mayor parte del día mundos diferentes, pero los dos sabíamos que había muchos minutos que nos dedicábamos aunque no estuviéramos juntos. Y mucho deseo que aprendimos a postergar hasta la noche. Cenábamos casi cada día y dormíamos juntos los fines de semana, en algún rinconcito de la costa o en su casa o en un hotel de la ciudad (mi casa parecía haber sido excluida por mí de la lista de lugares posibles donde dormir juntos).

Una noche, después de hacer el amor mejor que nunca, me senté en la cama y, como tantas otras veces había hecho, le di un beso y me levanté para irme. Éste no era un motivo de conflicto; Roberto y yo habíamos hablado de que había días en los que yo tenía que amanecer en mi cama, para no complicar mi vida. Pero esa noche, Roberto me tomó la mano y me dijo:

—No quiero que te vayas...

—Roberto... ya sabes que mañana es viernes, que viene Adriana, que he quedado en acompañar a Patricio a su entrenamiento... No me lo hagas más difícil, hoy no, por favor...

—No es hoy, Irene. No quiero que te vayas nunca más.

La verdad es que no alcanzaba a entender el sentido de esa frase. ¿Era un cumplido? Hermoso por cierto. ¿Era una expresión de deseo, de lo que a los dos nos gustaría que fuera posible? ¿Era la ilógica pretensión de que se prolongara infinitamente el maravilloso encuentro de cuerpos y almas que habíamos tenido?

Mi cara debió de ser muy explícita.

—Lo que quiero decir es que me parece que podríamos ya levantar la veda y que pueda quedarme a dormir en tu casa en días como hoy...

«No. No. No...», pensé. ¿Cómo podía hacerme esto? Yo era madre de dos hijos a los cuales adoraba, no podía permitirme el lujo de...

—Si algún día vamos a vivir juntos definitivamente, por algún lugar habría que empezar. No me digas que no, Irene —agregó, adivinando mis pensamientos.

—Me parece que me he vuelto loca —le dije a Sonia en cuanto entré en el consultorio y ella apenas me había dado los buenos días—, anoche decidimos que ya no queremos dormir separados.

—¿Perdón...?

—Sí. A medida que pasan los meses, cada vez nos cuesta más la frustración de que yo me vista en su casa y me vaya a la mía. Está claro que no podría todavía tomar la decisión de convivir, pero quizá sí pueda abrirle la puerta de mi casa sin que los niños se enfaden.

— Bueno... yo me casé con mi segundo marido al mes de conocerlo y hemos vivido hasta ahora veintipico de años bastante buenos...

—Sí, Sonia, pero eso sólo demuestra que siempre has sido tan irracional como yo, por algo nos llevamos tan bien. Sin embargo, una cosa es con menos de treinta y con niños pequeños, y otra con dos hijos adolescentes...

—Y pasados los cuarenta —añadió, solamente para no dejármelo pasar.

Nos reímos juntas.

—Sí... pasados los cuarenta. Pero cómo negarme. No estoy en edad para levantarme de madrugada y salir a la calle para irme a mi casa.

—Podríais dormir en tu casa y que él sea el que se vaya, antes de que todos se despierten, si es eso lo que te preocupa...

—No, Sonia. Creo que no son sólo los chicos. Soy yo. Es un tema de lealtades y asociaciones. Creo que simplemente me costaría mucho estar en esa cama con otro hombre que no fuera Luis. Seguramente es una tontería, pero eso es lo que me pasa.

—Yo entiendo perfectamente lo que me dices. Imagínate si

te hubieras llevado a casa a cada uno de tus amantes de este tiempo...

—Pero, Sonia, esto es diferente. Estamos hablando de una relación con futuro. Roberto no quiere que Buenos Aires sea una estación más de su vida nómada. Ya bastante ha tenido con sus viajes. Yo creo que lo que dice es cierto y que busca asentarse de una vez...

—¿Para siempre?

La pregunta de Sonia encendió una luz roja en mi mente, que traté en vano de descartar de inmediato. Pero esta vez yo no dudaba de su amor ni del mío, era otra cosa, mucho más difícil de predecir.

Roberto tenía deseos ciertos de aquietar su vida, de dejar de una vez de ser un aventurero en busca de imágenes alrededor del globo y sentir la pertenencia. Lo que hasta ahora había sido el sentido de su vida había girado ciento ochenta grados al conocerme. Siempre decía que los chicos y yo le habíamos demostrado que echar raíces podía ser algo gratificante y que sus proyectos laborales bien podían afincarse en un país, una ciudad, una casa.

En los días que siguieron la necesidad de estar juntos y de no posponer lo que queríamos se fue imponiendo. Hablamos mucho sobre cómo seguir, conversamos en profundidad sobre dónde podríamos vivir llegado el momento.

Evaluamos con seriedad los pros y los contras de mudarnos a una casa nueva o vivir todos en casa de los niños, como habíamos empezado a llamarla.

Era evidente que continuar en la casa familiar tenía sus ventajas evidentes: no habría agotadora búsqueda de vivienda, ni ventas de inmuebles adorados, ni mudanza general, todo con su lógico estrés; asimismo las rutinas de los chicos continuarían como hasta ahora, las mías también y, por su parte, Roberto era un hombre súper amoldable, acostumbrado a los cambios, que no tenía reparos en mudarse con nosotros. Pero también suponía un obstáculo que sabíamos que aparecería en algún momento: la presencia virtual de Luis, que había vivido en la casa, había sido mi marido y que era obviamente el padre de los niños. Una cosa era una noche o dos y otra, todo el tiempo y en todo lugar. Lo más inquietante era que el casi ingenuo «¿para siempre?» de Sonia chirriaba en mis oídos, al menos en dos sentidos. ¿Había decidido Roberto afincarse para siempre? ¿Había decidido estar conmigo para siempre? ¿Sería para siempre? ¿Las dos cosas? ¿Ninguna?

Pensar en convivir con alguien, especialmente después de haber estado casado muchos años y cuando todavía duelen algunas heridas del primer intento, siempre nos arroja a un vértigo del que tratamos de salir como podemos. A mí, como a casi todos, se me hacía un nudo en la garganta no menos de quince veces al día, me quedaba sin aire por los menos siete y me temblaban las piernas el resto del tiempo. Aunque entretanto, me dejaba atrapar por el proyecto, por la adrenalina de haber encontrado el amor y por la posibilidad de que esta vez fuera «para siempre».

Y así llegó el día en que, tal como habíamos planeado, Roberto se quedó a dormir en casa por primera vez.

Para mi sorpresa y confirmando lo que él había predicho, la mañana siguiente, una mañana de domingo, fue de lo más natural. Roberto y yo desayunábamos en el jardín cuando bajaron los niños; Renata primero, Patricio después.

—Buenos días, mami. Buenos días, Roberto —dijo Renata mientras nos daba un beso a cada uno—. ¿No ha llamado papá?

Una naturalidad que no podría decir si me alegró más de lo que me sorprendió o viceversa.

Con Patricio el estilo fue diferente. Apareció en pijama y sólo dijo un «buenaaas», mientras se sentaba todavía medio dormido. Su siguiente frase fue:

—¿No hay mermelada de frambuesa?

Por supuesto que ninguna relación de pareja es un lecho de rosas o más bien todas lo son, si incluimos las espinas en la metáfora. Y la primera espina no llegó por la vía de las dificultades entre nosotros, ni por el rechazo de mis hijos, ni por el fantasma de Luis; llegó trayendo al foco de atención aquella inocente pregunta de Sonia.

Yo debía haberlo sabido. Por más que lo desee fervientemente, nadie cambia su modo de vida de un día para otro.

Dos semanas después de aquella primera noche en casa, la propuesta de un nuevo libro de fotografías golpeó a las puertas de nuestro proyecto para demostrar que la vocación no es un amor que se pueda abandonar de buenas a primeras.

El proyecto suponía un viaje de dos meses por la cordillera de los Andes. Yo nunca he sido una mujer castradora y como sé lo que es amar una profesión, no dije nada. En cualquier otro momento no sólo lo hubiera alentado para que aceptara, sino que incluso hubiera enarbolado, con convicción prestada, la idea de que las esporádicas separaciones bien podrían ser una forma de crecimiento para la pareja. Si Roberto aceptaba indudablemente todo sería así, pero como en cualquier proceso de maduración, el dolor ocuparía un lugar importante y excluyente. Así que esta vez no dije nada.

Roberto decidió no perder aquella oportunidad que, según dijo, había estado esperando toda la vida.

Me avergüenza recordarlo, pero yo, infantilmente, pensé: «¿Y a mí... no me ha estado esperando toda la vida?».

Desde que llegó a su base en Bariloche, se comunicaba con nosotros diariamente. Con nosotros. Con los tres. Todo parecía estar muy en su sitio. Sin embargo, el décimo día después de su partida, comencé a notar en mí algunos síntomas desagradables: me molestaba el entusiasmo con que contaba sus anécdotas, esperaba con ansiedad casi obsesiva sus mensajes de texto o sus llamadas, y apenas podía concentrarme en el trabajo. Y lo peor, desde luego, empezó el día que me envió una foto del equipo, en la que aparecía la imagen de una colega chilena, joven, bonita y agarrada de su brazo. Creí que iba a estallar.

Mi primer impulso fue llamarlo y exigirle que regresara, recordarle su intención sedentaria de meses atrás, emplazarlo para que se decidiera, sólo tenía que elegir entre su vocación (y sus colegas) y yo.

Por suerte, supe frenar a tiempo y meditar, porque no sólo habría sido un acto de una inmadurez absoluta, sino básicamente una batalla perdida de antemano.

Decidí, entonces, profundizar en mis sentimientos antes de hacer cualquier barbaridad de la que, sin duda, iba a arrepentirme.

Mirando hacia adentro, apareció en mí un sentimiento casi olvidado.

Yo lo conocía... eran celos.

Pero no de aquellos celos habituales (aunque quizá allí estaban también, enmascarados), esos que se sienten a partir de la desconfianza en el otro o en uno mismo; no era eso. Mi sentimiento era más sutil y pude identificarlo de inmediato: eran celos de su actividad y de su compañía.

Digo que no me era desconocido porque había vivido algo muy parecido junto a Luis, casi al principio de nuestra relación.

Yo nunca tuve una gran inclinación hacia la lectura. Fui y sigo siendo lectora, pero sólo por períodos. A los pocos años de casados, Luis se reencontró, de pronto, con su amor por la lectura. Había abandonado esa pasión al final de su adolescencia y cuando reapareció, lo hizo con una fuerza inusitada. Comenzó a leer (o releer) los clásicos, continuó incursionando en los autores europeos y finalmente se interesó plenamente por la poesía. Incluso empezó a ir a talleres y grupos literarios. Esa actividad, que por supuesto no tenía nada de malo, me fue dejando, sin embargo, fuera de una parte cada vez más importante de su vida.

El alerta, también entonces, me llegó de su propia boca.

De pronto, noté que había empezado a nombrar a una mujer con la que al parecer compartían los mismos gustos literarios. Inquieta, sin motivo aparente, comencé a preguntarle por ella, y él, sin nada que ocultar, a darme toda la información que yo pedía, como si fuera lo más natural del mundo. Ella era divorciada, escribía poesía, era unos años mayor que él y sólo los unía la pasión por la literatura. Todo estaba en regla... Y, sin embargo, yo me di cuenta de que no llevaba bien la situación. En algún lugar me molestaba que hubiera descubierto una pasión tan fuerte, y en otros, más oscuros, no toleraba que la compartiera con otra persona que no fuera yo. Creo que el hecho de que fuese otra mujer era, por lo menos al principio, sólo un matiz.

Inquieta por el fracaso del absurdo y anárquico concepto de que yo debía ser la única mujer a su lado y cubrir la totalidad de sus necesidades, fui perdiendo mi centro y empecé a agredir a Luis. Al principio con ironías, cada vez menos sutiles, cada vez más hirientes. Él me miraba extrañado mientras me juraba que su relación con aquella mujer era solamente lo que me había dicho.

—Irene, por favor, créeme que es así, puedes venir a las reuniones y conocerla. ¿Cuántas veces te he invitado a acompañarme?

Era verdad. Me había invitado varias veces, pero yo siempre me negaba con un argumento que me parecía y me sigue pareciendo sólido: aquella actividad no me interesaba en absoluto.

En mi interior sabía que yo no estaba actuando bien, que en realidad no tenía argumentos para hacer semejantes planteamientos o escenas.

Estaba celosa y sabía, aunque no se lo dije, que no era por el temor al rollito que podía montarse con ella, sino por el interés que ponía en una actividad que no me incluía.

A veces me pregunto si los celos tradicionales, los comunes, los de todos los días, no son finalmente la expresión del temor a ser excluidos de una actividad de la persona amada, más que el fastidio de compartir su amor.

Con el tiempo, Luis se fue alejando de esa actividad, según él, por su propio deseo y no por mi oposición; y yo, al ver que el asunto se desdibujaba, me fui tranquilizando.

Siempre me repito que no estuvo bien y siempre me excuso diciéndome que ninguna otra cosa podía hacer; y es la verdad, mi actitud no era pensada, nada más me brotaba, ocurría.

Aprendí después que, en una relación de pareja, los celos suelen ser un compañero frecuente que causa desde pequeños a grandes problemas.

Tú, yo y los celos.

Un tercero que molesta algunas veces y provoca furia otras.

Sin embargo, también es cierto que podríamos aprender de ellos. Si tomamos los celos como el disfraz de algún maestro, podríamos recibir alguna de la información que nos traen para mejorar nuestra relación. No es fácil. El mensaje detrás del disfraz es muy distinto en cada caso y único para cada pareja. Es necesario descifrarlo si queremos volcarlo a favor de nuestra relación. Por lo menos en aquellos casos en los que ambos tienen ganas de seguir juntos, es decir, cuando todavía hay pareja y deseos de permanecer en ella.

La mejor y la más constructiva de las preguntas que el celoso puede hacerse es ¿por qué grieta se filtran los celos? Demasiadas veces el que cela está tan ocupado en tratar de descubrir si sus sospechas se confirman que no ve más que el comportamiento del otro dejando de buscar lo más importante: ¿por qué fisura de mi estructura, en qué hueco de esta pareja se ha instalado esta idea?

En toda pareja hay huecos, es normal. La relación no puede llenar todas las necesidades de ambos. Siempre habrá algo que el otro necesite buscar fuera y eso no tiene por qué ser anormal ni preocupante. Somos limitados, no podemos serlo todo para el otro y esto, muchas veces, despierta nuestras propias inseguridades. Aparece el temor de que encuentre a alguien más adecuado, más completo o más satisfactorio que nosotros.

De ahí a la sospecha de que lo ha encontrado hay sólo un paso, nada más que un gesto, apenas una palabra.

Y entonces, como si eso fuera la solución, comenzamos a necesitar, a pedir y a exigir que el otro no nos quite la mirada de encima, que nos demuestre «que lo somos todo en su vida». No es suficiente con ser lo más importante; ciegos de celos, queremos, además, ser «lo único que importa».

Y no es así.

Nunca es así. Por lo menos en las relaciones adultas y sanas.

«No puedo vivir sin ti», cuando no es una metáfora, es siempre la expresión de una grave patología vincular que los terapeutas llamamos co-dependencia.

¿Hasta dónde y en qué medida debería uno buscar lo que necesita lejos del otro, si se quiere construir una pareja sana? Obviamente no hay un patrón confirmado para dar como respuesta, pero es obvio que, si pretendemos que nada sea buscado fuera, algo anda mal, y si todo o casi todo se busca afuera, también algo anda mal.

Siempre habrá alguien que pueda cubrir mejor que nosotros aquellos aspectos que tenemos menos desarrollados o que muy poco nos interesan, pero de ninguna manera esto quiere decir por fuerza que perderemos por ello el amor del otro. Una propuesta que, en general, acercaba a mis pacientes consistía en estar atentos a los celos, pero no para hacer un escándalo ante el otro, sino para tomarlos como señal de aquellas partes que nos quedan por descubrir o que hemos descuidado en nuestra relación de pareja.

Por un momento, me olvidé de Roberto, de Luis y de mi propia situación, y recordé el caso de Érica y Germán.

Al llegar a la consulta, ella estaba todavía muy afectada por la infidelidad de su marido. Se querían mucho y, sin embargo, los dos tenían conciencia de que Germán había ido a buscar afuera algo que no encontraba en la pareja.

Los casos de infidelidad son particularmente delicados, a veces muestran algunas fisuras reparables y otras evidencian que ya no existe pareja.

En este caso, el episodio transgresor había sido dos años antes, pero a pesar del tiempo transcurrido y de que él no daba motivos, ella había quedado muy susceptible y las escenas de celos eran moneda corriente.

Trabajamos los tres para ver cuál era el mensaje que se ocultaba detrás de lo que había sucedido y descubrimos que Érica, poco a poco, se había dejado absorber por su trabajo, una tarea de mucha acción donde debía tomar decisiones siempre urgentes y siempre impostergables. Como consecuencia inmediata en la convivencia, la ternura que siempre había tenido había ido desapareciendo junto con el opacamiento de sus aspectos más femeninos. Germán, detrás de una aparente aceptación, producto de comprender que ése era el trabajo de su mujer, estaba atravesado por un sentimiento de abandono que, como vimos después, reflotaba su dura historia infantil.

Las circunstancias le llevaron a encontrar a una mujer que acarició sus viejas heridas y se produjo lo que él llamaba «el traspié». Germán mismo dejó la relación extramarital antes de que Érica lo descubriera, pero igualmente ella finalmente se enteró y estuvieron a punto de separarse.

A medida que la terapia fue transcurriendo, ella pudo ver que los celos le señalaban cómo había descuidado la pareja y dado lugar a esa infidelidad. Cuando tuvo esa plena conciencia de la parte que le tocaba, pudo bajar su enfado y comenzar la verdadera reconciliación.

Por otro lado, trabajé con Germán la posibilidad de decir lo que sentía y expresarlo con emoción y compromiso dentro de la pareja, ya que eso les daría la oportunidad de remediarlo de una manera mucho menos peligrosa que la de hacer temblar a toda su familia.

En este caso fue posible tomar el mensaje que llevaba implícito la situación y finalmente fortificar la relación. En otros, cuando la vanidad o el orgullo meten su baza, solamente nos quedamos con nuestro sentirnos mal, engañados o estafados, y la relación comienza a verse afectada. Empezamos a vigilar a nuestra pareja porque creemos que sólo se trata de lo que ella hace, sin darnos cuenta de que el mayor alimento de nuestros celos son nuestras carencias e inseguridades. Partimos de la idea de que «si me quisiera, sólo tendría ojos para mí», para concluir que «si sus ojos no son únicamente para mí debe de ser porque yo no valgo suficiente para él o para ella», y de ahí un pasito muy pequeño hacia un pensamiento autodestructivo: «Yo no valgo. Si yo fuera él, elegiría a otra».

Toda relación auténticamente apoyada en el amor está impregnada de libertad. Por lo tanto, limitados como somos, debemos admitir con coraje que siempre estamos expuestos a que el amor se extravíe y que no es posible ni deseable guardarlo en una caja fuerte. A veces sentimos la maravillosa experiencia de fundirnos en el otro, como me venía sucediendo en la maravillosa intensidad de la experiencia sexual con Roberto, pero era estúpido e inútil pretender que ese estado fuera permanente. Pasado ese instante, cada uno debía volver a estar en su propia piel y sentirse bien y seguro en ella.

El amor, que es hijo de la libertad, nace con el riesgo de su pérdida.

En cada momento nos estamos reeligiendo y eso es parte de lo que lo hace emocionante. Pero también es el cultivo para que este hermoso juego se convierta en un suplicio. Cuando por alguna razón transitamos tiempos en los que nos sentimos especialmente inseguros o carenciados, el miedo al abandono se vuelve omnipresente y no nos deja en paz. Entonces comenzamos a ver el peligro en todos lados: una mirada por la ventana, una llamada imprevista o un retraso de algunos minutos pueden ser interpretados por un alma asustada e insegura como el primer signo de un abandono inminente. Nos volvemos posesivos y vigilantes, porque nos damos cuenta de que en efecto somos potencialmente «abandonables», y en el intento de conjurar nuestros miedos terminamos siempre hartando al otro hasta alejarlo de nosotros.

Y allí estaba yo, tratando de serenar mi furia, de ver cuáles eran mis carencias y qué podía hacer para contener mi alma y trabajar sobre mis inseguridades.

Demasiados pensamientos para un hecho aparentemente sin importancia. Tenía que buscar la forma de ordenar mi cabeza. Empezar por formularme las preguntas que siempre proponía a mis pacientes celosos.

¿Qué obtiene Roberto de esa actividad que no puede encontrar a mi lado o en lo que hacemos juntos?

¿Qué podría yo hacer o qué aspectos de nuestra relación había menospreciado o descuidado?

¿Soy capaz de aceptar que Roberto encuentre situaciones de intenso placer fuera de esta pareja y que no me incluyan?

¿Qué le pasa a mi seguridad?

¿Puedo aceptar que no soy todo para Roberto y que nunca lo seré?

A diferencia de otras veces, estas preguntas, lejos de traerme paz, me produjeron más inquietud.

Me arrancaron de los celos, pero me conectaron con la tristeza.

Estaba claro que yo no podía serlo todo para Roberto, de la misma manera que no quería que él lo fuera todo para mí. Lo que no estaba claro era que tuviera ganas de que él se ocupara de hacérmelo saber tan explícitamente.

Estaba dispuesta a aceptar que toda relación se nutre de espacios propios y compartidos, pero no esa sensación de que todos los tiempos propios debían ser compartidos y los espacios compartidos eran totalmente ajenos.

Estaba dispuesta a aceptar que no sería lo único importante de su vida, pero pretendía no ser excluida de ninguno de sus espacios. Nada había en la mía más importante que mis hijos y un día había decidido incluirlo en ese vínculo.

Pero también descubrí que además de los celos por la colega

de la foto, acrecentados por la distancia y la ausencia, mi reacción me enseñaba que en gran medida yo aceptaba que Roberto amara la fotografía, como yo adoraba mi profesión, pero era evidente que no aceptaba tanto que se fuera con ella durante dos meses. A pesar de su explicitada decisión de dejar de viajar, él disfrutaba de los viajes tanto como yo de estar en familia, y así como yo me hubiera negado rotundamente a abandonar cualquiera de mis pasiones, de la misma forma tenía que comprender que él no lo hiciera.

«Es sólo una excepción —me dije—, no algo que vaya a suceder cada semana. Se irá, sí, de vez en cuando, pero siempre volverá, no hay abandono...»

Todo eso me decía, tratando de frenar mi impulso de dar por finalizada la más comprometida de mis apuestas. Y hubiera funcionado. De no ser porque un pensamiento se me cruzó sin buscarlo.

Casi los mismos argumentos no habían sido suficientes para evitar que una infidelidad detonara el final de mi matrimonio con Luis, con quien había compartido más de veinte años de mi vida... ¿Por qué razón iban a resultar hoy suficientes argumentos para apostar por una relación?

Capítulo 20

En aquellos días yo reflexionaba sobre mis incertidumbres, sobre mi inseguridad y muy especialmente sobre la necesidad de aceptar con honestidad la complicación que traía a mi vida mi manera de relacionarme con los hombres. Había concluido por entonces que algunos de esos problemas se debían al mal manejo que tenía, aun después de tantos años de terapia, de mi conflicto más profundo. No sabía cómo hacer para aceptar mis limitaciones sin olvidar mis capacidades.

Por allí navegaba cuando recibí la llamada de Nicolás que, aunque con dulzura y en el mejor de sus tonos, me recordó que la paciencia editorial para la entrega de un original tenía sus límites; que por supuesto él entendía perfectamente que yo estaba viviendo un momento muy especial, que estaba encarando un nuevo vínculo (creo que obvió la expresión «tienes novio» porque debió sonarle ridícula para esta etapa de nuestra vida), que todo era perfectamente comprensible... Pero que los tiempos eran los tiempos, los planes editoriales eran los planes editoriales y los contratos eran los contratos.

En fin, que después de tanta tautología, no pude menos que aceptar que los plazos estaban a punto de expirar y que lo mejor era dedicarme al libro si no quería que alguien decidiera suspender su publicación.

Así que, otra vez en medio de una turbulenta etapa emocional, decidí poner el motor en marcha y ocuparme primero de lo primero. Después de todo, si quería pensar, mejor sería que lo hiciera mientras escribía, porque el material que faltaba debía ser entregado antes de fin de año.

Si bien no me gusta que me apuren, debo reconocer que aquella llamada fue una bendición en más de un sentido. En primera instancia, porque me lanzó al movimiento que, ya se sabe, es muy saludable, en particular cuando uno anda a punto de enroscarse en sus propias historias.

En segundo lugar, porque me dio la excusa perfecta para desarrollar y meditar acerca de un tema que me parecía crucial para el planteamiento del libro (y el de mi propia vida, claro), el tema del paso del tiempo y su influencia sobre el deseo en las parejas.

Era éste un asunto de recurrente preocupación, que aparecía una y otra vez en cada entrevista, en cada paciente, en cada uno de mis talleres: el deseo, la pasión, el erotismo, la actividad sexual parecen disminuir y a veces casi desaparecer de la vida matrimonial a medida que transcurre el tiempo. ¿Es natural que así sea? ¿Es inevitable?

Creo que es un gran error y no siempre sin intención la propagación del mito de que el matrimonio es la tumba de la pasión, la sepultura del erotismo o, peor aún, como he escuchado, el asesino del amor.

Si nos atrevemos a mirar sin prejuicios a una pareja joven que decide casarse o formar un vínculo estable, veremos que este paso los lleva también a otros cambios. Es el símbolo de la definitiva responsabilidad que asumimos por nuestra carrera y nuestra vida. Sentimos o sabemos que poco a poco nos iremos transformando en alguien que tiene que cumplir con lo que se espera de él (y con lo que uno mismo espera), incluido estabilizar la pareja, tener hijos, tener una casa y, por supuesto, ser «exitoso» en todo lo que encare.

Es obvio que queremos que las cosas nos vayan bien, pero la presión del éxito, en los términos en que lo entiende la sociedad, es muy grande (y quizá cada vez peor). Más que nunca, cuando formamos una familia la sociedad nos anuncia que ha llegado nuestra hora de «funcionar» más como «se debe» que de acuerdo con lo que sentimos en cada momento.

Así, solemos perdernos de nosotros mismos y vamos renunciando poco a poco a la alegría, a la frescura y a la espontaneidad. No haría falta decir, supongo, que sin estas tres herramientas no puede haber una sana sexualidad.

Equivocadamente, cuando aparece la falta de deseo o de pasión y de erotismo, solemos encararla como si fuera un problema vinculado a la sexualidad. Como resultado de ese diagnóstico erróneo, se buscan y se encuentran soluciones equivocadas. Como decía uno de mis maestros: «Uno siempre trata de preguntar al que supone que le dará una respuesta que le guste o por lo menos que no le complique demasiado».

Así aparecen las recetas de decenas de publicaciones, los inútiles cambios de compañero o compañera sexual o la decisión de tener sexo por el sexo mismo, a veces con la ayuda de medicamentos que recuperan la función, pero no pueden crear el deseo.

Pero ese sexo, el de la genitalidad, no implica una conexión con el otro. Ese sexo no eleva a nadie, porque en sentido estricto es un sexo sin sexualidad. En las circunstancias actuales parece difícil acceder a esa sexualidad saludable, especialmente cuando se desconoce que el único camino que lo garantiza es el del amor.

Desarrollar y mantener un contacto sano con la vida es ser uno mismo y enamorarse de estar vivo, en todos sus aspectos. En eso consiste el cultivo del terreno del amor. Cuando el terreno está listo, la mayoría de las veces florece nuestra mejor sexualidad, la que posiblemente incluye lo genital, pero que no se acaba ahí.

Solemos confundir la pasión por la vida con la excitación del progreso económico, la satisfacción narcisista del aplauso de otros o el contacto con lo nuevo, pero en esos caminos el goce obtenido nunca es suficiente, nunca nos encontramos en paz.

La prosperidad no nos llena y lo nuevo deja de serlo. Buscar otra vez «más de lo mismo» termina siendo una rutina y entonces la sensación que tenemos es que se acaba todo. Quizá el problema sea que no podemos seguir deseando lo que ya tenemos.

En una pareja estable hay intimidad, pero sabemos que el otro va a estar, sabemos cómo nos va a responder, conocemos sus maneras de hacer el amor y nos gusta saberlo, nos da tranquilidad; aunque, claro, no hay sorpresa, no hay misterio, no hay aventura... Y sin ellos siempre aparece el riesgo de aburrirnos y la alta probabilidad de que la pasión se pierda.

Si nos relajamos, si dejamos de buscar el encuentro, si nos olvidamos de «regar y hacer crecer» porque creemos «tener» una pareja, algunas de las cosas que nos unieron dejarán de hacerlo.

Ayudaría ser conscientes de que, en verdad, no es posible «tener» nada, mucho menos a alguien.

Respecto de la pareja, aunque estemos casados desde hace mucho tiempo, necesitamos darnos cuenta de que no somos dueños de nuestro compañero o compañera. El otro puede cambiar (y cambia), puede irse (y lo hace, retirándose a veces a su mundo privado), puede morirse (y de hecho se muere) a veces para volver a nacer siendo otro en muchos aspectos.

Pero preferimos dar por sentado que nada cambiará. Miramos a nuestro compañero y creemos estar viendo siempre al mismo, porque decidimos que así es. Pero no es. Oriente nos ha enseñado muchas cosas en el último siglo, pero hay una que ha modificado profundamente nuestras vidas. Es la certeza de que nada permanece constante.

Cuántas personas vienen sorprendidas a mi consultorio después de infidelidades o divorcios diciendo: «No lo reconozco». «¡Jamás lo hubiera pensado de ella!» «Nunca hubiera creído que podía actuar de esa forma.»

Lo malo es que en el tedio de la rutina se ahogan no sólo la pasión y el sexo, sino también la atracción, el verdadero amor y la pareja misma.

No pienso que la pasión tenga que sostenerse sobre la base del miedo a perder al otro, porque estoy segura de que nada bueno puede crecer basado en el miedo. Digo que las parejas duraderas están hechas de una sabia mezcla de cercanía y espacio. Cercanía que genera intimidad, respaldo y seguridad. Espacio que nos hace libres y conscientes de nuestras posibilidades de cambio. No hay límites para cambiar porque no hay límites para crecer, y ése es el sentido de la pareja: crecer al lado de otro. La vida compartida es una oportunidad para eso.

En ese sentido es posible y deseable darse cuenta de que la verdadera pasión no se mantiene cambiando de *partenaire* cada día, sino descubriendo que nosotros, los dos, somos un poco distintos cada mañana; y a partir de ahí, el sexo, la pasión, el deseo y la atracción por el otro pueden renovarse día a día.

No pocas veces, la pérdida de la pasión o la sexualidad puede ser también el reflejo de una cerrazón interna y una pérdida de la pasión en general. Es importante, entonces, antes de culpar al otro o a uno mismo por la caída en pendiente de la atracción que sentíamos, preguntarse: «¿He perdido la pasión en la pareja o la he perdido en mi vida en general?».

Si eso sucede podríamos seguir preguntándonos: «¿Qué apreciaba antes, qué valoraba? ¿Qué actividades me gratificaban? ¿Qué me hacía feliz?».

Y si la respuesta se nos escapa, todavía podemos contestarnos recordando nuestras pasiones de la infancia, nuestros goces supremos cuando éramos niños y niñas de primaria o jóvenes adolescentes transpirando hormonas. Siempre se puede encontrar la versión adulta de esas gratificaciones. Desde estudiar pintura hasta retomar esa guitarra que dejé cuando tenía veinticinco años. No hay que apresurarse a decir: «Es tarde, ya soy mayor, no puedo, o no tengo tiempo». Es necesario entrenar la pasión ya que no hay cosas apasionantes, sino pasión puesta en las cosas.

Terminé de escribir muy satisfecha. Estaba segura de que había hecho un buen trabajo y más segura aún de que mucho de lo escrito me estaba dirigido directamente. Sin embargo, mi relectura debería esperar, porque era hora de salir para la consulta. No quería llegar tarde. Sobre todo porque Estela había llamado con voz de urgencia.

Estela, a su manera, atravesaba una etapa parecida a la mía. Se había ido a vivir con Daniel, su nueva pareja, más o menos al mismo tiempo en que Roberto y yo empezamos a pensar en ello.

—Tú siempre dices que lo más importante en una pareja es seguir creciendo, y yo me siento en ese camino, aunque las arrugas me dicen que más bien estoy madurando —dijo con una sonrisa, algo que afortunadamente había podido recuperar y que yo relacionaba con su nueva pareja—, pero no sé si puedo seguir.

—¿Qué pasa ahora? ¿Es demasiado bueno para ti?

—No, ya sé que nada es demasiado bueno para mí, pero me cuesta mucho. Me asusta meterme hasta el cuello en esta relación con Daniel y que tal vez mañana...

—La vida fluye, Estela.

—Sí, ya sé, pero cómo desearía que alguna vez se detuviera como una fotografía en el momento del brindis... A veces me parece que todo se me va de las manos...

—¿Como si no lo pudieras manejar?

—Exactamente... y eso me pone nerviosa. Yo sé que lo quiero y siento que me quiere, y eso me gusta; también me doy cuenta de que nos llevamos genial la mayor parte del tiempo, pero es que... hay algunas cosas de él que no puedo tolerar... simplemente es más fuerte que yo.

Yo sabía por dónde iba, así que lo denuncié para que no quedara solamente implícito.

—¿Te refieres a su relación con su madre y sus hermanos menores?

—Claro. Y es que cada vez es peor. Su madre es una intrusiva enfermiza y sus hermanos unos pedigüeños, aprovechados e insaciables... Y él es incapaz de poner un límite a las peticiones de esa panda de zánganos y a los comentarios y apariciones de su madre... Y lo peor es que tampoco quiero darle a elegir.

—¿Perderías?

—Creo sinceramente que no. ¿Pero cuál sería el precio que él me cobraría por elegirme? No hay salida, porque está claro que seguir mostrándoselo es inútil...

—Mira, Estela, todos sabemos que el compañero ideal no existe. Éste te da algunas cosas, pero te priva de otras y supliendo éstas traería consigo algunas que no te apetecerían. Quizá la pregunta sea otra: ¿Te compensa?, ¿estás dispuesta a aceptar seguir viviendo junto a alguien que no tiene resuelta esa parte de su vida y en todo caso solamente ayudarle cuando lo pida? Si lo piensas, tal vez todo lo demás que sí tienes con él haga que valga la pena pasar de eso que tanto te molesta. Y digo más, si fueras capaz de verlo así, como un aspecto difícil para él, quizá hasta consigas que no te irrite tanto su conducta.

Estela ya no era aquella mujer atarantada que contestaba automáticamente a cualquier pregunta o que elegía aquella respuesta que la hiciera quedar «bien» frente a mí.

Ésta era una Estela más crecida, consciente, comprometida con lo que decía y con lo que decidía callarse. Por eso se tomó un tiempo antes de contestar a mi pregunta.

No era fácil dar esa respuesta.

Nunca lo es.

Y de hecho implica una dura decisión, o quizá dos. Si es que no compensa y lo sé, debo pensar en empezar a alejarme de esa relación. Si es que sí, no puedo más que dejar de quejarme, aun sabiendo que lo que hoy me parece suficiente compensación puede no parecérmelo mañana.

No dije nada de todo esto. De alguna manera, Estela ya lo sabía:

—Sólo por hoy —me dijo al fin, utilizando con ironía la frase de Alcohólicos Anónimos—. Por hoy, a mí me compensa.

Capítulo 21

Es inútil, además de poco aconsejable, intentar tenerlo todo bajo control o querer anticiparse a lo que sigue.

En aquella época aprendí que, nos guste o no, lo que la vida tiene para darnos no se detiene a escucharnos, sólo fluye.

Aprendí que un ingrediente esencial de la búsqueda consciente o inconsciente de mi propia «infelicidad» era mi manía de actuar como si pudiera determinar lo que habría de suceder, en lugar de aceptar los impredecibles cambios de la vida.

Hubo una época en que mi pelea era permanente.

Oscilaba entre el trabajo que me tomaba por hacer que todo saliera como yo quería y la energía que gastaba tratando de determinar con precisión en qué había fallado para que pasara lo que pasó. Lo hacía sin darme cuenta de que cuando luchamos contra lo que es, por ser como es, interrumpimos el libre fluir de los acontecimientos y evitamos que la situación pueda evolucionar hacia mejor.

Aprendí que la felicidad tiene mucho que ver con la aceptación y la infelicidad con la distancia entre las expectativas y el camino que toma la vida.

Aprendí que la vida nunca responde a todos nuestros deseos ni se ajusta a corresponderse con nuestros méritos.

Aprendí que la realidad nos golpea a cada momento mostrándonos que nada se puede atesorar, pero también nos acaricia cuando comprobamos que siempre podemos comenzar una vez más, con lo nuevo que la vida nos trae.

Por eso es preciso aceptar que pasó lo que pasó y soltar «lo viejo».

La felicidad tiene que ver con admitir sin excepciones que no podemos cambiar el pasado, aunque ciertamente podemos cambiar la forma en que interpretamos eso que pasó.

Me acuerdo de aquel ejercicio que alguna vez me recomendó mi terapeuta. Consistía en hacer una pequeña lista de los hechos que no aceptaba de mi vida. Yo había anotado cosas del estilo: «Mi madre debería haber sido más demostrativa» y «mi padre debería haber respetado más nuestros gustos y preferencias».

Después debía intentar desprender de cada hecho la etiqueta de «desgracia» y encontrarle a cada situación alguna consecuencia positiva. Diría hoy: «Gracias a que mi madre no era demostrativa, yo pude dejar antes la casa de mis padres».

En aquel entonces no fue para nada sencillo. Me había contado tantas veces la historia de mis infortunios que me costaba renunciar a ella como justificante de mis dificultades.

La última parte del ejercicio era, con todo ese material, escribir una «autobiografía positiva».

Podríamos construir una lista de todas nuestras habilidades, recursos y aprendizajes, y descubrir, si nos atrevemos, cómo cada uno de ellos es consecuencia y resultado de las heridas, lastimaduras, frustraciones, desengaños y rasguños de cada época de nuestra vida.

Recordando el concepto, a veces invito a mis pacientes a que cuando la vida despliega sus naturales zancadillas (darle un golpe al coche, estar en un atasco que nos haga llegar tarde, hacer una inversión que resulte un pésimo negocio), se atrevan a relatarme el hecho desagradable añadiendo la frase:

Para aprender a... o
Para darme cuenta de que...

Suena trivial, y posiblemente lo sea, pero el ejercicio puede ayudarnos a salir de la no aceptación y del papel de víctimas.

Como Estela había comprendido, las parejas duraderas se basan en apoyarse en los aspectos positivos del otro aceptándolos de buen grado íntegramente, acomodándonos constructivamente a aquellos aspectos que menos nos gustan.

Parece algo obvio o elemental, pero la no aceptación de la forma de ser del otro, aunque no se verbalice, es fuente eterna de conflictos. Aunque aceptar que el otro es quien es no signifique que nos guste o que estemos de acuerdo; significa reconocer que así son las cosas y resistir la tentación de tratar de cambiar al otro o imponer nuestro criterio.

Toda esa cadena de pensamientos no iba a ser inútil. En cuanto Estela dejó el consultorio, Sonia me pasó una llamada.

Era Roberto.

—Hola, cielo —me dijo.

¿«Cielo»? Nunca me había llamado «cielo».

—Qué bonita sorpresa... ¿Cómo estás?

—Muy bien. Muy pero muy bien. Esto es alucinante.

—Qué bien... ¿Has hecho las fotos que esperabas?

—Algunas... Por eso te llamo.

No quería adivinar por dónde iba lo que seguía...

—Me ha costado mucho tomar esta decisión, porque te echo muchísimo de menos... Pero voy a tener que prolongar un poco el viaje...

—¿?

—Serán solamente cinco o seis semanas... Por favor, no te enfades... Compréndelo, quizá sea mi única oportunidad...

—¿?

—Hola, Irene, ¿me escuchas?

—Sí, claro. Entiendo... Dices que «tienes» que hacerlo... ¿Por qué «tienes» que hacerlo?

El teléfono hizo un ruido extraño. Roberto no contestó a mi pregunta. Quizá no la escuchó, quizá no quiso responderla.

En medio del ruido de la línea escuché que me decía:

—Te escucho muy mal... Estoy en la montaña... Te llamo mañana o pasado, cuando encuentre un teléfono... Te quiero mucho... Por favor, no te enfades... Te mando mil besos...

Y luego la comunicación terminó.

No me enfadé. Pero la tristeza impidió que disfrutara siquiera de uno de los mil besos que Roberto me había mandado.

Yo podía entender, pero ¿comprender?

Comprender es con el corazón y mi corazón no podía acabar de asimilar la conversación.

Resonaban en mis oídos algunas palabras:

Cielo... Muy pero muy bien... Tengo que hacerlo... ¿No te enfades? Roberto y yo éramos diferentes, muy diferentes.

Y de eso se trataba, de aceptar que Roberto y yo éramos diferentes.

Los celos eran míos, las inseguridades me pertenecían y el deseo de que estuviéramos juntos, más allá de cualquier logro profesional, también.

Suya era la decisión de quedarse, el deseo de arriesgar lo que habíamos construido, la prioridad de la pasión por su principal amor, su profesión.

Sin duda era una elección, la suya.

Ahora restaba la mía.

«¿Te compensa?», le había preguntado a Estela, y me había dicho que sí.

«¿Me compensa?», me pregunté.

Yo también me tomé un tiempo para contestar. Había mucho para evaluar.

Quince minutos después, con lágrimas en los ojos pude contestarme.

«No. No me compensa.»

Me quedé en silencio, mirando nada por la ventana, quién sabe cuánto tiempo.

Después Sonia golpeó la puerta y entró.

—Creía que te habías quedado dormida... —me dijo. Y al verme los ojos preguntó—: ¿Estás bien?

—Sí... estoy bien.

Sonia lo entendió inmediatamente, no estaba bien, pero no quería hablar de ello. Así que aceptando mi respuesta a medias me dijo:

—Tengo a Luis al teléfono. Le he dicho que no sabía si estabas con un paciente porque había bajado un momento, ¿quieres que le diga que llame después?

—No —contesté sonándome la nariz—. Pásamelo... Gracias, Sonia.

Quizá no debería, pero me gustó que fuera una llamada de Luis la que me ayudara a interrumpir tanto moco.

—Hola, Luis.

—Hola, Irene. Disculpa que te interrumpa, pero quería preguntarte si te molestaría que pase a buscar a los niños un poco más temprano. Quiero llevarlos a comer a un lugar al que sólo se puede llegar temprano... ¿Te va bien? ¿No te complico?

Iba a decirle que, últimamente, él era el único que nunca me complicaba. Hubiera sido cierto, pero preferí callármelo.

—No, no me complicas... para nada.

Luis me conocía, aún más que Sonia.

—Irene... ¿Qué pasa?

—Nada... —dije—. Nada.

No es que no quisiera contárselo, es que simplemente me pareció que no tenía derecho.

—Irene, si no quieres contármelo, está bien, pero dime que no quieres contármelo y ya está; aunque sólo sea para impedir que me dedique a rellenar lo que no dices con catástrofes imaginarias... Ya sabes tú que es una de mis especialidades.

Me hizo reír.

Como siempre... Allá lejos, cuando acabábamos de conocernos, fue él quien me enseñó a tomarme la vida con más levedad, a no hacer un problema de cada cosa.

—Me parece que lo de Roberto no funciona...

—¿No estaba fuera? ¿Ya ha vuelto?

—No, todavía no ha vuelto y me acaba de llamar para contarme que su viaje se va a prolongar un mes más de lo que teníamos previsto...

—Ahhh —dijo Luis, con auténtica pena. Él sabía lo que yo podía estar sintiendo, pero esperó con mucha cautela por si yo quería seguir hablando.

—No quiero vivir esperando a alguien que me dedique «todo el tiempo que le sobra»...

—No te enfades con él por eso, Irene. Tú me enseñaste esto. Eso te deja centrada en él, en lugar de centrarte en ti.

—Es que no es lo que él y yo habíamos acordado, Luis, me siento estafada, no tenida en cuenta, una vez más... Abandonada.

Dudé antes de la última palabra, porque la frase que me venía a la boca era «una vez más no elegida», y ese texto era tan referencial a nuestra historia que no quise.

—Creo que comprendo lo que te pasa —me dijo con mucha suavidad y contención—. En todo caso sugiero que no te apresures en la decisión. Tómate el tiempo que necesites. Hagas lo que hagas, que no sea por un impulso, por favor...

Mi último paciente tocó el timbre.

—Tu paciente... —dijo Luis al escuchar el sonido de la campanilla a través de la línea.

—Sí —dije recomponiéndome—. No hay problema con lo de los niños... Hablamos.

—Claro. Hablamos...

No se trataba de erradicar mis sentimientos, sino de trabajarlos, de observar «toda» nuestra relación y no sólo una parte, de elegir posar la mirada en otro sitio, de regresar a mi centro.

«No te apresures», me había dicho Luis, y así lo hice.

Mientras Roberto viajaba por la cordillera andina y se sumergía en la historia de nuestros pueblos originarios, yo realicé otro periplo no menos histórico y subterráneo por las profundidades de mí misma, asida ahora a la confirmación de que también en este asunto había una persona con quien podía contar, y otra vez era Luis.

Sin que yo fuera a buscarlos, los famosos versos del poema «Profecía»,* que siempre había despreciado por cursis, aparecieron en mi mente...

«Del que sin ser tu marido,
ni tu novio,
ni tu amante,
es el que más te ha querido...
Con eso tengo bastante.»

Así eran las cosas. Luis no era mi marido, ni mi novio, ni mi amante, pero ciertamente nadie me había querido como él me quiso... Y de eso estaba segura.

* Rafael de León (1908-1982).

Capítulo 22

Peldaño a peldaño fui subiendo hacia la superficie de mí misma, como si fuera un ascenso hacia la luz. De pronto, una noche cualquiera me desvelé, dándome cuenta de que mi viaje personal había llegado a buen puerto. Escribí las últimas páginas del libro esa madrugada, en un excitante estado de absoluta inspiración.

Recuperando la magia

Nuestro compañero o compañera es un maestro. Un iluminado que nos enseña cosas importantes de maneras muy extrañas (a veces provocando nuestra furia). El amor y sus vaivenes, los encuentros y desencuentros, son guías que nos muestran los problemas que siguen habitándonos y que somos incapaces de ver de otra manera.

La maestría de la pareja y nuestra disposición a aprender nos coloca, si lo permitimos, en el camino de producir o recuperar la magia del vínculo.

Si cada uno tiene la valentía de mirarse en ese espejo encontrará la clave para desarrollar sus aspectos en pugna o negados, y hacer crecer todas esas cualidades que veía en el otro y que creía no tener, y ambos podrán acceder al caudal amoroso e inagotable que todos tenemos dentro.

Pero frenamos continuamente esa posibilidad.

Cuando el otro hace algo que no nos gusta o nos hiere, nos cerramos y pensamos que lo que nos hace sufrir es la falta de amor del otro, pero la causa verdadera del dolor es nuestra propia cerrazón.

Cuando nos cerramos dejamos de crecer y cortamos el camino hacia nuestra fuente de amor.

Nos defendemos del dolor, nos endurecemos y reaccionamos desamoradamente. En realidad, son nuestras reacciones las que convierten lo que el otro hace en un problema insoluble y por lo tanto en una fuente de sufrimiento.

No hay conflicto que no tenga salida.

Lo que cierra el camino no es el conflicto, sino el endurecimiento, el orgullo, la cerrazón.

El precio de nuestra reacción no lo paga solamente la relación de pareja, sino que nosotros mismos perdemos contacto con la magia de la vida. Nos volvemos personas cerradas.

Para recuperar la magia necesitamos volver a abrirnos, quitar los frenos a nuestra fuente de amor para poder mirar amorosamente, en cada conflicto, cuál es nuestro aporte. Cómo podemos ayudar en lugar de cómo podemos vengarnos. Cómo sostener el alma del otro en vez de cómo podemos castigarlo. Cómo podemos aliviar su culpa y no cómo tomar revancha.

Eso es transformar la energía del enfado en un crecimiento y celebrar la vida tal como se presenta, sin intentar que sea otra.

Entonces volverá a aparecer la verdadera magia, porque la magia del momento, la del enamoramiento, la de antes, estaba hecha de esta misma sensación, la idea y el deseo de que es posible completarme en el otro.

No es necesario que nadie me dé lo que yo ya tengo. Nada nos falta. Pero sí precisamos, una y otra vez, de alguien que con amor sea el espejo en el que podamos vernos sin temor. Ésa será la ayuda que me permitirá destrabar los mecanismos que me impiden volverme la mejor persona que puedo ser.

Si ambos aceptan este desafío, cada uno se volverá una persona completa, integrada, entera, capaz de sentir la magia de la vida, la magia dentro de sí y la sutil presencia de la magia en la pareja.

El sol me encontró despierta, pensando en la dedicatoria. Descarté mi primer impulso, por descabellado e impropio, sobre todo para una madre de dos hijos adolescentes. Había pasado por mi cabeza la idea de dedicarle el libro a todos y cada uno de los hombres que había amado y que, como partes de una extensa escalinata, me habían dado la posibilidad de avanzar y volverme mejor persona, maestros involuntarios de ineludibles aprendizajes que con más o menos dolor y dificultad había podido asimilar.

En realidad, después de pensarlo un poco, muy lejos estaba yo de querer elevar la autoestima de nadie haciéndolo aparecer en la dedicatoria de mi libro, así que decidí borrar de mi intención la idea de incluir una lista con sus nombres, pero sin renunciar a mi deseo de darles las gracias. Después de todo cada uno de los hombres de mi vida, en mayor o menor medida, había formado parte de esas lecciones vitales y me había conducido a este destino. El encuentro con ninguno de ellos había sido en vano.

Tenté varias opciones:

«A los que me enseñaron el amor.»

«A los hombres que me condujeron al amor.» Y alguna decena más de frases en esa misma dirección.

Finalmente me decidí por:

«Al amor que me llevó al amor.»

«A quien le quepa el sayo que se lo ponga», pensé, aunque en mi imaginario más de uno de mis «amores» se descartaría de inmediato. Y lo harían sin razón, porque todos, absolutamente todos, hasta mi primer novio, aquel que no había querido ponerse al teléfono, se hallaban incluidos, porque cada uno me había acompañado en alguna parte del trayecto.

Le entregué el original a Nicolás la mañana del mismo día en el que Roberto regresaba de su viaje.

No fui a esperarle, nos encontramos en casa.

No había sorpresas, yo le había anticipado con mucha claridad que todo había terminado.

Aunque debo admitir que por estar todo terminado quedaban aún demasiadas cosas... Especialmente la sensación de volver a separarme de alguien a quien todavía amaba.

—Un pájaro y un pez pueden enamorarse y hasta casarse —le dije durante la conversación recordando la frase del Talmud—, pero dónde harían el nido...

—Es que a mí no me importa dónde sea, en un árbol o en el fondo del mar, yo sigo queriendo hacer un nido contigo. Tú eres la que no quiere... Me doy cuenta de que nunca me he sentido más feliz que cuando al irme, esta vez, sabía que tenía un lugar al que volver. Tarde o temprano echaré raíces definitivas y me volveré el más casero de los maridos... ¿Por qué no puedes tener un poco de paciencia...?

—Roberto, te aseguro que no es un reproche, en este momento no. No es tu culpa, pero tampoco es la mía. No es mi tiempo de pensar en tener paciencia. No podría tolerar que te volvieras a ir durante dos o tres meses, ni tampoco que renunciaras a irte para satisfacerme. No hay solución, somos un pájaro y un pez, ¿entiendes?... De todas maneras —dije con la genuina intención de ayudar—, ojalá no te enfades por esto que voy a decir, pero creo, quizá por una deformación profesional, que tú no quieres echar raíces. Lo que te pasa es que sientes la necesidad que acabas de enunciar, quieres sentir que tienes un lugar al que volver... Y no es lo mismo... Me parece, y te pido otra vez disculpas, que tal vez sería bueno para ti pensar en esa diferencia...

No hablamos mucho más. En silencio absoluto hicimos juntos sus maletas, como si fuera un ceremonial. Era, y lo sabíamos, la última actividad que compartiríamos.

Quizá suene increíble, pero una muerte anunciada en una pareja no es menos muerte, ni menos dolorosa, ni menos lacrimógena. A eso de las diez y media llamó Luis. Quería saber si podía traer de vuelta a los niños. Le había pedido que saliera a cenar con ellos temprano para que no estuvieran mientras Roberto recogía sus cosas.

—Sí —le dije—. Ya está.

—¿Y tú?

—¿Y yo?

—¿Cómo estás?

—Peor...

—¿Peor que qué? ¿Peor que cuándo?

—Peor de lo que pensaba que iba a estar...

—Entiendo... ¿Quieres que baje un rato cuando lleve a los niños?

—No, Luis... Pero no sabes cómo agradezco que me lo ofrezcas...

—Oye... Estoy, ¿eh?

—Lo sé, Luis... como siempre.

—Como casi siempre —me corrigió.

Yo entendí perfectamente lo que no decía y sentí la sonrisa que me subía a la cara, sin el más mínimo rastro de enfado.

—Gracias —le dije.

—Te mando un beso...

Cuando colgamos, me hice un té y subí a mi habitación. Camino del baño, al pasar junto al mueble del pasillo, tomé una foto de ambos que estaba en el tercer estante, desde siempre.

Puse la fotografía en la mesilla de noche y sonreí.

Recordaba lo que decía Begoña, la amiga de Renata:

—Tú y Luis... sois raros. Estáis separados desde hace tres años, pero os lleváis mejor que mis padres que están casados desde hace treinta.

Y era cierto.

Después de tres años, después de odiarnos y atravesar todas las etapas de la separación, teníamos ahora un vínculo muy fuerte y verdadero. Supongo que porque aceptamos la relación que podíamos tener. Somos una ex pareja, pero aceptamos que lo vivido fue y es importante.

La historia nos une especialmente por los códigos que seguimos teniendo en común.

Nuestra relación es clara. Sabemos, por ejemplo, que hay temas de los que no podemos hablar porque nunca los hemos resuelto, y por ahora no los tocamos. Nos relacionamos casi exclusivamente en las áreas que podemos compartir sin problemas.

Desde que nos separamos sé que es esencial para uno mismo y para los hijos cultivar un buen vínculo con la ex pareja. De hecho, cuando salgo con alguien que odia a la que fue su mujer ya sé que las cosas no van a funcionar entre nosotros, porque todo lo que no ha resuelto saltará a nuestro escenario en cuanto tenga oportunidad.

El camino no es estar de acuerdo con lo que el otro hace después de separado, pero se puede intentar entender sus razones, aunque sean muy distintas de las propias. Aceptar que el otro tiene sus razones para hacer lo que hace aunque yo no lo comparta. Por algo nos separamos.

Cada vez que la relación no va bien, es esencial aprender a preguntarse: «¿Qué tengo que hacer para que todo funcione mejor?». Sea como sea, para pelearse hacen falta dos.

Creo que es lo mejor que podemos dar los padres separados a nuestros hijos, porque ellos sufren cuando hay una mala relación entre los padres, estén separados o no.

Mantener un buen vínculo es el mejor regalo que le podemos dar a nuestros hijos y la única compensación que podemos ofrecerles a cambio del dolor que supone, incluso en nuestros tiempos, la separación de los padres. A veces nos peleamos, pero siempre sabemos que contamos el uno con el otro.

Yo siento que cuento con él y él sabe que cuenta conmigo, aun cuando cada uno ha encontrado su camino.

Vivimos lo que teníamos que vivir juntos y compartimos la maravilla de nuestros hijos. Somos amigos y, más aún, somos familia. Hablamos cada vez más a menudo y nos contamos nuestras cosas, sin restricciones y con mucho respeto.

Luis fue un compañero increíble durante los años que estuvimos juntos. Él me dio la fuerza para tener hijos. Recuerdo que yo tenía mucho miedo y él me dio coraje para atreverme a tener hijos.

No creo que Luis sea el más seguro de los hombres y, sin embargo, siempre me dio seguridad.

No creo que sea el más valiente, pero siempre me ayudó con mis miedos.

No es el más exitoso de los profesionales, pero siempre me ayudó en mi desarrollo profesional.

Me apoyó siempre y yo crecí mucho a su lado.

Y aun cuando empecé a meterme en la búsqueda de la espiritualidad, aunque todavía hoy no sabe de qué hablo cuando hablo de esto, se esforzó por sostenerme y hasta me acompañó a decenas de talleres de crecimiento espiritual, aunque nunca significaron nada para él. Lo hizo por amor. Por el placer de complacerme, como él siempre decía.

Luis es muy distinto. Piensa distinto. Actúa distinto.

Quiere cosas distintas de la vida.

Por eso hace tres años no pudimos seguir juntos. Más allá de todo el desagradable episodio que desencadenó la última crisis.

A él se le veía feliz en aquellos tiempos, viviendo como un *playboy*, saliendo con muchas mujeres. Decía que no le interesaba el amor, le interesaba divertirse y yo, no sé muy bien por qué, celebraba que no quisiera enamorarse.

Todo estaba en orden y también por eso yo le estaba agradecida.

CAPÍTULO 23

La vida siempre nos concede más de una oportunidad para darnos cuenta de todo lo que nos sucede y para crecer en ese darnos cuenta.

Al decir de Jung, el cosmos conspira para que las mismas situaciones se repitan una y otra vez, hasta que aprendamos lo que debemos aprender de ellas.

Y si bien la mayor parte de las veces el aprendizaje sólo requiere que estemos atentos para recibir cada lección, en algunas otras hace falta una activa participación del discípulo para abrir su mente al mensaje que la vida le da.

Con el libro terminado y entregado, sentí que era un buen momento para descansar y tomar distancia de lo cotidiano. Aproveché una invitación que había recibido desde Uruguay para asistir a un congreso sobre parejas, saqué mis billetes y partí.

Por suerte y por desgracia, no había demasiadas cosas nuevas que llamaran mi atención. Siempre es bueno saber que uno no está desactualizado, aunque siempre es mejor aún poder aprender algo nuevo.

Estaba conformándome con la bendición de unos días estupendos, producto de un verano un poco anticipado, cuando en el foro del tercer día el caso presentado me hizo encender todas las luces de alerta.

Se trataba de una paciente, Brenda X, que había hecho una consulta por la inminencia de su separación. El trabajo hablaba sobre las clásicas y acertadas intervenciones de la pareja de terapeutas que la habían asistido, pero no estaba allí mi foco de atención. El detonante de su crisis matrimonial había sido, también, el descubrimiento de una infidelidad. Lo mejor de la historia era la forma en la que ella descubrió que su marido tenía una amante. Al regreso de un viaje de negocios, mientras como siempre deshacía la maleta de su marido, encontró en un rincón del equipaje un par de zapatos de otra mujer. El resto de la breve historia que se relató en el ateneo no tenía ninguna sorpresa.

Sin embargo, durante su lectura, yo sentí «el golpe del *insight*» (como lo llama Fritz Perls) justo en la nuca, como un mazazo, aunque paradójicamente no llegaba a darme cuenta de qué era exactamente lo que me había impactado tanto.

De regreso en el hotel, me tumbé en la cama a pensar.

La pregunta apareció de inmediato: «¿Por qué estaban allí aquellos zapatos?».

Aun admitiendo que los llevara consigo porque la amante no tenía espacio en su propia maleta, ¿sería el marido tan idiota como para olvidar devolvérselos antes de llegar a su casa?

Si no fuera así, sólo cabía una explicación: él no sabía que los zapatos de su amante estaban allí. ¿Y cómo podía llevarlos sin saberlo? De una sola manera: él no los había puesto allí.

De pronto lo entendí todo. La jugada era tan maquiavélica como eficaz.

La amante, cansada de ser la otra, decide dar el gran paso, hacerle saber a la esposa que su marido tiene otra mujer. Pero es astuta, quiere lograr ese objetivo de manera que a ella no le quede duda de la veracidad del asunto. Entonces esconde sus zapatos en la maleta de él, sabiendo que es la esposa quien deshace el equipaje, para que sea ella misma quien «accidentalmente» los descubra.

Mi cabeza bullía.

En un papel escribí una falsa autorización y la firmé con un garabato ilegible.

Llamé a un taxi y me fui al Hotel Volpe. Debía confirmar lo que sospechaba.

—Buenas tardes —le dije al recepcionista con una calma y una amabilidad que no tenía.

—Muy buenas tardes, señora, ¿en qué la puedo ayudar?

—Mire, soy Irene Iturralde, la secretaria del señor Luis Gracián, cliente suyo de muchos años.

—Sí, me acuerdo perfectamente de su jefe, siempre tan amable con nosotros. De hecho, hace mucho que no lo vemos por aquí. ¿Él está bien?

—Muy bien, gracias. El motivo de mi visita es que justamente una de las últimas veces que estuvo por aquí se le dio una factura que nos ha traído más de un problema fiscal.

—No lo puedo creer. Cuánto lo siento. ¿Es debido a algún error nuestro?

—Error o cambio de política, no lo sé. El caso es que en esa ocasión, en lugar de facturarle como siempre la estancia a su nombre, lo hicieron a nombre de Luis Gracián y señora. Me pregunto si es norma de la empresa poner los nombres de los ocupantes de la habitación en la factura.

—La verdad es que creo que no. La norma es que se facture a nombre de quien paga la cuenta... Déjeme que vea, si puedo, qué es lo que pasó. ¿Cuánto hace de eso?

—Más de tres años... Si quiere ver la autorización del señor Gracián... —arriesgué.

El joven miró el papel de reojo y gentilmente dándolo por bueno dijo:

—No, por favor, señora, no es necesario.

Después de algunos minutos de teclear en el ordenador me dijo triunfal:

—Aquí está... A ver... Sí... Hace casi tres años. Según lo que aparece aquí, en un principio se había hecho una factura normal a nombre de él, pero después se anuló y se reemplazó por una a nombre de los dos.

—¿Está seguro? —pregunté—. Es muy raro que el señor Gracián hiciera algo así, sabiendo que después tendría problemas para presentarla como gasto de la empresa...

—Le comprendo, señora, pero le aseguro que es imposible que nosotros hiciéramos una rectificación de factura sin una petición del huésped... Quizá no lo pidió él sino su señora —me dijo por último, confirmándolo todo—. ¿Quiere que anulemos esa factura y le hagamos otra sólo a nombre de su jefe?

—No. Muchas gracias —le dije, tendiéndole la mano—. Es un poco tarde para corregir el error. Solamente queríamos saber qué había pasado exactamente. Ha sido usted muy amable.

Me di media vuelta y entré en la puerta giratoria como para irme, pero sin detenerme, completé el giro y volví a entrar. No sé por qué lo hice, pero me planté frente a él y casi le grité:

—Sepa usted, joven, que la única señora de Gracián que existe soy yo. ¡Buenas tardes!

A veces cuando pienso en lo que debió sentir aquel pobre joven que tan amablemente me había atendido, me siento un poco culpable, pero, como he dicho, tengo mis limitaciones y creo que si no hacía lo que hice me estallaba la tripa.

Tan culpable y perturbado debió de sentirse el pobre muchacho, que antes de que yo llegara de regreso a Buenos Aires, ya había llamado a Luis para contarle el episodio.

Lo intuí apenas llegar a casa porque tenía tres llamadas de Luis y lo confirmé cuando, al hablar con él, me contó que le habían llamado doce veces desde el hotel de Montevideo para localizarlo.

Nada a lo largo de la vida permanece constante. Poco o mucho, cada uno de nosotros va cambiando en sus pensamientos, en sus gustos, en sus comportamientos. Del mismo modo, el mundo al que nos enfrentamos se transforma día a día. Lo que aprendimos ayer quizá no sirva, tal cual, para hoy, porque hoy otras cosas suceden e incluso las mismas cosas pasan de forma diferente. Este cambio constante es lo que transforma la vida en una apasionante y sorprendente novedad continua y cotidiana.

La pareja es parte de la vida y está sujeta a los mismos cambios para los que no siempre estamos preparados, y por lo tanto es inevitable que las crisis de pareja ocurran. Algo nuevo sucede o viene sucediendo, se rompe el equilibrio al que se había llegado y no es posible conseguir un nuevo equilibrio. Entonces se produce la crisis. Es algo normal y natural, es parte de la vida de pareja. Si queremos que la pareja perdure, no se trata de evitar los «desequilibrios», sino de aprender a resolverlos.

Detrás de cualquier crisis hay un desbalance, el centro se ha desplazado, los miembros de la pareja ya no se perciben el uno al otro en igualdad de condiciones, «como antes».

Necesitamos dar y recibir, especialmente en la convivencia, especialmente en la pareja, especialmente si queremos seguir creciendo al lado del otro.

Cuando este equilibrio se rompe sobreviene la crisis. Para que haya verdadera intimidad en una atmósfera relajada, ambos individuos necesitan tanto sentir que dan algo de sí, como saber que lo reciben.

La «mutua alimentación» no siempre puede mantenerse equilibrada. Hay muchas circunstancias que inclinan la balanza a lo largo de la vida de la pareja: la pérdida o la sobrecarga de actividades en el trabajo, el desarrollo profesional desigual, el desvío de atención, la enfermedad de alguno de los dos, los hijos, los parientes, los viajes de trabajo, la rutina, la competencia.

Afortunadamente, Luis no llamaba para recriminarme la invasión de su privacidad, aunque derecho no le faltaba.

Me llamaba porque él, que siempre es un señor, pensaba que debía disculparse.

—La verdad es que te llamo para pedirte por favor que me perdones. No por la infidelidad, de eso podemos seguir hablando cuando tú quieras. Quiero que me perdones por no haberme dado cuenta de con quién estaba, por no haber previsto lo que podía pasar y sobre todo por no haber sabido evitarte aquel mal rato que no te merecías y que por supuesto nada tenía que ver con nuestra historia compartida... De verdad, Irene. Perdóname. No supe hacer las cosas como debía, me descuidé.

—No voy a hacer leña de esto, Luis, pero sólo por el amor que te tengo y sin ningún interés quiero que me digas la verdad. Supongo que ya no tienes más relación con ella, ¿verdad?

—En absoluto, Irene. De hecho, aquella relación no tenía ninguna importancia. Como te dije en su momento, ella no significaba nada para mí.

—Debí pensarlo antes... Tendría que haberme dado cuenta de que había sido ella...

—No —me interrumpió—. Tú no. Yo debí cuidarme, para así cuidarte. Era mi responsabilidad... Lo lamento y mucho. Soy yo el que ahora te hago una pregunta, ¿hay algo que pueda hacer para compensarte ese mal trago, Irene?

Cuando era encantador, Luis era el más encantador. Y yo, en ese momento, no quise dejar pasar ese halago brutal para mi dañado ego.

—Pues sí —dije contundente.

—Dime.

—Podrías invitarme a cenar a aquel restaurante junto al río que tanto me gusta, aquel restaurante del pescadito frito. ¿Te acuerdas?

—Claro que me acuerdo. Nunca he vuelto en estos años. ¿Estará allí todavía...? ¿Se seguirá comiendo tan bien?

Podía ser mi imaginación, pero me pareció que Luis estaba tratando de indagar si yo había ido a aquel, «nuestro lugar», sin su compañía...

—No lo sé —dije sin mentirle—. ¿Quieres que llame y en caso afirmativo haga una reserva?

—¿Quieres que lo haga yo?

Con que así veníamos...

—Bueno, muchas gracias... Y luego me llamas... Que no sea el jueves —añadí—, porque tengo grupo, ya sabes, y termino bastante tarde.

—Muy bien, te llamo más tarde y te digo algo.

—Un beso —dije.

Hacía mucho que no le mandaba besos a nadie por teléfono.

En general, la infidelidad no es, por sí misma, la causante de las crisis, sino el ostensible resultado de un desequilibrio previo, aunque claro está que indudablemente lo agrava, porque suma dolor sobre el dolor.

En las crisis de pareja, y sobre todo al principio, siempre hay uno de los dos integrantes que queda en una mejor situación que el otro y es de lo más previsible que el futuro dependa del manejo que ambos consigan hacer de ese desequilibrio.

El futuro de la relación depende en muchos casos de que el más herido pueda recibir un trato amoroso, respetuoso e igualitario de parte del otro y de la renuncia de ambos a escuchar solamente la voz de su propio orgullo herido.

Sortear las situaciones de crisis es un arte en que el amor tiene mucho que ver. Siempre necesitamos mantener a raya nuestro orgullo para no lastimar. Ya hiere suficiente la situación de crisis misma.

Cuando el que queda más debilitado siente que no puede resolver su situación y tampoco tolerarla, muchas veces comienza a trabajar todo el tiempo en reconquistar un poco del poder perdido. Para ello, los más débiles pueden tomar decisiones (y casi siempre lo hacen) que con toda certeza conducirán a una nueva crisis, más profunda y más dañina que la que los dejó en ese estado. Y es que la capacidad de dañar a quien los ha dañado es vivida como una mínima reconquista de la potencia perdida.

Después de todo, la autodependencia y el autoapoyo son especialmente necesarios cuando el amor no está a nuestro lado, porque cuando podemos refugiarnos en el amor nada impide que nos recostemos en él, y hasta es lógico que lo hagamos. Nuestro trabajo nos devolverá la fuerza para seguir en camino, si no usamos la energía en la revancha, si no dejamos que el rencor nos intoxique.

En las parejas más sanas, que también entran en crisis de vez en cuando, el que queda «arriba» usa su posición menos agobiada para ayudar a que se levante el que ha quedado «abajo», en lugar de abusar voluntaria o involuntariamente de su lugar de poder. Aprendí de mi divorcio muchas cosas; la primera, la fuerza destructiva y la estupidez del orgullo mal resuelto.

Aprendí que, en medio de una crisis, cuando los desencuentros se multiplican, no es la hora de distanciarse sino de acercarse, dialogar y abocarse a ahondar en lo que sucede en el fondo, en lugar de quedarse sólo en lo anecdótico de la situación.

Aprendí que hay que renunciar a compadecerse de uno mismo alrededor de lo que «el otro me está haciendo» y encontrar qué es lo que uno siente, qué le duele y dónde, en toda esta situación, para luego expresarlo humildemente, más allá de quién tenga la razón. La competencia por tener razón aleja del contacto íntimo y de la posibilidad de ver juntos los dolores de cada uno.

Aprendí que las heridas, los desencuentros y las crisis son ciertamente dolorosas, pero que es completamente imposible evitarlas si hablamos de una relación comprometida.

Aprendí finalmente que la sanación verdadera de las heridas recibidas no se consigue con los alejamientos ni con los silencios, ya que éstos sólo congelan y ahondan las crisis. Si se animan a seguir en contacto, cada uno debe ocupar humildemente la posición que le toca dentro de la crisis, pero también debe ponerse por un momento imaginariamente en el lugar del otro para estar seguro de comprender su punto de vista y poder ayudar. Ayudar no es imponer el propio criterio, sino atender lo que el otro necesita, y si esa ayuda se da sinceramente, debe ser recibida con humildad. A lo largo de la vida de una pareja, a cada uno le tocará alternativamente ayudar y ser ayudado. Cuando esas actitudes fluyen honestamente, las crisis se superan con mayor facilidad. No estoy diciendo que sea sencillo, sino que se puede lograr.

Durante años había trabajado ayudando a mis pacientes en esta tarea. Ahora me daba cuenta de que al mismo tiempo estaba construyendo mi propio aprendizaje, capacitándome para enfrentarme a lo que seguía.

Epílogo

Los expertos en parejas siempre enseñan que en cada vínculo es responsabilidad de sus miembros montar su propio circo y no actuar en función de parecerse a otras parejas; yo estoy segura de que cada ex pareja tiene que construir su propia manera de relacionarse después de la separación, sin querer parecerse a otras ex parejas.

Creo que desde aquella noche que pasé con Luis, empecé a sentirme verdaderamente llena de amor. Supe, a partir de aquel encuentro, que los años de trabajo conmigo misma y de enfrentarme a las dificultades que vinieron con nuestra separación no habían sido en vano.

Con el paso de los días me fue quedando más y más claro cuánto nos queríamos Luis y yo, y también cuán diferentes eran nuestros caminos.

Sentí por primera vez que ambos habíamos perdonado. Pero no sólo recíprocamente, sino también cada uno a sí mismo.

Recuerdo cómo cobró sentido aquel ejercicio que había presenciado en un curso con John Welwood. Un yo auxiliar le preguntaba a una compañera repetidamente:

—¿Y tú por qué no te mereces el amor?

Recuerdo mi sorpresa al escuchar finalmente su respuesta:

—No me lo merezco porque destruí a mi familia... Porque condené a mis hijos a que no vivieran con su padre...

La culpa, el autorreproche, el dedo acusador dirigido contra sí mismas, podría ser la razón de que las mujeres que habían tomado la decisión de separarse no pudieran encontrar una nueva pareja. Ahora, con el perdón a mí misma, me di cuenta de que todos esos años había estado culpándome y sintiendo que no era merecedora del amor de un hombre.

Y recordé aquel cuento que uno de mis maestros me contó:

La historia sucedió en un pueblo muy pobre. El hijo de diecisiete años de una de las familias pidió permiso para ir a trabajar fuera. Se lo concedieron y entonces partió hacia otro pueblo.

Allí comenzó a trabajar en una gasolinera y con el tiempo empezó a robar pequeñas cantidades de dólares. Pero con el paso de los días, la suma se fue haciendo mayor.

Finalmente un día cogió trescientos dólares con los que huyó y se dedicó a robar.

Luego formó una banda y siguió robando.

Era la vergüenza de su familia.

Al cabo de un año, su padre puso un anuncio en el diario, ya que no conocía su paradero, diciendo que su madre estaba muy enferma, y pidiéndole que volviera para despedirse de ella.

Pero el hijo pensó que era una trampa y no regresó.

A los pocos meses la madre murió.

El muchacho continuó robando bancos hasta que lo atraparon y lo condenaron a diez años de cárcel.

Cuando cumplió su condena tenía treinta años y quería cambiar, quería que su padre lo perdonara.

Entonces, antes de salir de prisión le mandó una carta, diciéndole:

«Papá:

»¿Te acuerdas de aquel monte donde jugaba?

»¿Recuerdas...? Había un manzano al que me gustaba trepar...

»Ahora voy a coger el tren para ir al pueblo. Quiero trabajar y ser honesto, quiero cambiar de vida. Pero me importa mucho que me perdones. Si no lo haces, me esforzaré por demostrarte que he cambiado, con la esperanza de que un día me perdones.

»Si me perdonas, por favor cuelga un pañuelo blanco en el manzano, yo pasaré con el tren y si está el pañuelo iré a tu casa a abrazarte; si no está, seguiré hasta el pueblo».

El muchacho iba contándole toda la historia a un pasajero que estaba sentado a su lado en el tren.

El joven se sentía tan nervioso que cuando vio que se acercaban al manzano le pidió a su compañero que mirara por él.

Después de pasar el monte le preguntó muy angustiado:

—¿Había un pañuelo blanco colgado del manzano?

—No, no había uno, el manzano estaba lleno de pañuelos blancos.

Yo también había estado esperando ese perdón, el de un árbol lleno de pañuelos blancos.

Y también lo había encontrado.

Todos esos años también yo había creído que no era merecedora del amor de nadie, porque había decidido romper una familia.

Sentía el pecho lleno de amor y recordé a los hombres que había conocido después de separarme.

Conecté con todo lo que me habían dado, cómo cada uno me abrió de distinta manera, cómo ellos me habían puesto en contacto con mi capacidad de amar.

Y ahora me sentía llena de amor.

Aunque no tenía pareja, había encontrado el amor dentro de mí misma.

Me di cuenta de que siempre había buscado a un hombre para que me sostuviera, pero nunca me había dejado sostener realmente.

Me di cuenta de que nunca me había entregado totalmente, que había basado mi vida en ser independiente, que dejarme sostener amenazaba mi posición de autosuficiencia y me hacía sentir muy vulnerable.

Me di cuenta de que cambiar de dirección y dejarme sostener me asustaba mucho.

Y aquella noche con Luis me sentí sostenida por él.

Era una sensación nueva.

De repente me di cuenta de que había cambiado, ya no era la misma.

Me dejé sostener por él, porque me sentía sostenida por mí misma.

Me sentía sostenida por todo el amor que había recibido y que ahora sentía propio.

Todos ellos me habían ayudado a despertarlo.

Pero ahora me había convertido en mi propia fuente de amor.

Encontré lo que estaba buscando: ese amor incondicional hacia mí misma.

Me sentía sostenida por mi propio amor.

Sin darme cuenta, ése era el mensaje que había intentado transmitir en mi nuevo libro, que el camino del amor es salir del desamor hacia nosotros mismos, sobre todo porque las dificultades de pareja tienen que ver con esa herida esencial por la que no nos queremos lo suficiente.

Una herida que nunca es reciente, que nos acompaña desde que éramos muy pequeños.

Me acuerdo ahora de aquella sesión de grupo donde Jorge Bucay nos pidió que hiciéramos una lista de aquellas cosas que no habíamos recibido en la infancia.

Yo, sin especular, escribí: «Un padre que me escuchara y estuviera presente como yo necesitaba». Y entonces él me pidió que leyera lo que había escrito, pero que le cambiara el título, que le pusiera: «Lo que espero de un hombre».

De esa sesión me fui refunfuñando contra mis maestros. Estaba segura de que se equivocaban. Aquella absurda interpretación era parte de su equivocada herencia psicoanalítica... Pero tenían razón.

De alguna manera, viví buscando en cada encuentro un padre que me diera el amor que no recibí de niña y que por eso no sentía dentro de mí.

La sanación ocurrió cuando pude conectar con el amor que los hombres me habían dado, comenzando por mi padre, en lugar de enfadarme por lo que no pudieron darme.

La sanación ocurrió cuando pude ver al niño herido dentro de todas las personas que me habían amado, incluso el de mi padre, y valorar lo que me dieron; entonces los pude perdonar y perdonarme.

La presentación de mi libro fue muy emotiva.

Estuvieron presentes casi todos mis seres más queridos; y por supuesto algunos de los hombres con los que había compartido un tiempo de mi vida: Nicolás, Roberto y, por supuesto, Luis. Yo sentía que les estaba agradecida a todos. Cada uno de los presentes me había acompañado en el trayecto.

Cuando terminó la presentación tuve muchas ganas de cenar a solas conmigo misma.

A mis hijos les dije que iba a celebrarlo con unos amigos y a mis amigos íntimos, que iba con mis hijos.

Quería estar sola.

Me sentía feliz.

Por primera vez, desde mi separación, no me daba vergüenza ni pena cenar sin compañía.

Fui a mi restaurante preferido.

Reservé la mesa que más me gusta, la pequeña, junto a la ventana, desde donde se ve el río.

El camarero, que me conoce, sin preguntarme me sirvió una copa de ese vino Malbec que me gusta tanto.

—¿Cómo está hoy, señora?

—Muy feliz —le dije—, tanto como para brindar hoy por primera vez conmigo misma.

Y brindé porque había pasado mi vida buscando a alguien que llenara el vacío de amor que acarreaba desde la infancia y finalmente había descubierto que mi vida estaba sostenida por el amor.

Brindé porque finalmente me había perdonado.

Sentía la presencia del amor y me merecía ese amor.

Lo había logrado.

Comí con ganas, disfrutando lentamente de cada bocado de la deliciosa merluza y cada sorbo del magnífico vino.

Todo era un festejo.

Al terminar pedí la cuenta, pero el camarero, con una sonrisa cómplice, me dijo que el señor de la mesa contigua ya la había pagado y que quería invitarme a compartir el café.

Levanté la vista y lo miré.

—¿No es Marcelo Reyes? —pregunté.

—Sí —me dijo—, y es raro que esté aquí esta noche, suele venir y sentarse a escribir, pero siempre por las mañanas.

«Qué coincidencia», pensé. Acababa de terminar de leer su última novela y me había gustado muchísimo.

«Que lástima —pensé también— que esta invitación a tomar un café con él llegue justo en estas circunstancias.»

Me puse de pie, esperé su mirada y le agradecí su invitación con una sonrisa. Luego, sin volverme a mirarlo salí del local. Me daba cuenta de que, por el momento, no había espacio para invitados a mi fiesta privada.

Índice